PMI
인수후 통합
이야기

황춘석

박영사

이 책을 쓴 이유는

    M&A는 기업이 지속적으로 생존하고 성장하기 위한 중요한 전략적 도구로 활용되어 왔습니다. M&A를 통해 짧은 시간 내에 기존 사업의 경쟁력을 강화하거나 새로운 시장으로 사업을 확대할 수 있기 때문이죠. 그리고 인수기업의 역량이나 운에 따라 '대박'을 발굴할 수 있는 매력도 있습니다.

    그러나 막연한 기대를 가지고 M&A를 했다가 낭패를 보는 기업들도 적지 않습니다.

    '승자의 저주winner's curse'에 걸려 막대한 게임비 지불로 몸통 전체가 휘청거리거나, 심지어는 심한 출혈로 시장에서 증발되는 끔찍한 경우도 심심찮게 벌어지고 있습니다.

    사실 어떻게 보면 M&A는 기업경영에서 가장 위험성이 높은 게임이기도 합니다. 하지만 잘만하면 회사를 한순간에 점프시킬 수 있다는 신화 같은 상상 때문에 M&A는 떨쳐 버릴 수 없는 '유혹'으로 야망이 큰 경영자들의 주위를 어슬렁거리죠.

    A.T. Kearney가 M&A 경험이 있는 115개 기업들을 대상으로 조사한 결과에 따르면, M&A를 추진하는 과정에서 가장 리스크가 큰 것이 「사후통합단계(PMI)」로 53%를 차지하고, 다음은 「사전 M&A단계」가 30%, 「협상 및 계약체결단계」가 17%라고 합니다.

사실 이전 단계가 다음 단계에 영향을 미치기 때문에 성공적인 M&A를 위해서는 모든 단계들이 중요합니다. PMI$_{post-merger\ integration}$단계가 더 중요하다고 평가한 것은 아마도 이전 단계들이 성공적으로 이루어졌거나, 아니면 문제가 있더라도 M&A의 마지막 과정인 PMI의 성공 여부에 따라 그 결과가 달라질 수 있을 것이라는 생각 때문일 것입니다.

　이에 전적으로 동의합니다. 결국 M&A의 모든 불확실한 과정들을 정리하는 PMI단계가 끝나야 비로소 M&A에 대한 성공 여부가 판가름 나기 때문에 가장 중요한 과정일 수밖에 없습니다.

　그런데 현실 세계에서는 종종 중요하다고 생각하는 것과 실제 행동하는 것 간에는 차이가 큽니다. 앞에서 설명한 설문 참여기업들의 32%만이 '사후통합과정'에 대한 명확한 가이드라인을 수립하고 리스크관리를 하고 있는 것으로 조사된 것을 보면 말입니다.

　이처럼 M&A의 잠재적 가치가 실제로 실현되고 성패를 결정짓는 PMI단계가 M&A 추진 및 협상 과정만큼 관심을 받지 못하는 현상은 참으로 이해하기 어렵습니다.

　시중에 나온 서적들에서 조차 PMI가 M&A 과정의 한 작은 부분으로 취급되고, PMI에 대해 좀더 심도 있게 다룬 책을 찾아 보기가 힘듭니다.

　이러한 모순적 현상들이, PMI에 대한 필자의 다양한 경험을 바탕으로 미흡하나마 이 책을 쓰게 된 이유입니다.

목차 contents

프롤로그

M&A와 PMI

"

PMI는 M&A가설에 대한 검증과
지속적인 생존, 성장을 위한 혁신의 과정이다

"

Ⅰ. PMI는 M&A의 가설을 검증하는 과정이다.

인수 기업은 M&A를 추진할 때 명확한 목적을 가지고 있지만, 실제 그 목적을 실현하는데 있어서는 많은 쟁점과 리스크를 가지고 있습니다. 즉 가치를 높여 매각하고자 하는 피인수 기업의 힘든 노력과 인수 기업의 한정된 데이터와 정보를 가지고 분석한 결과 사이에 파악되지 못한 '그 무엇들'이 숨겨져 있는 것이죠.

다음은 삼성경제연구소(Issue Paper, 2010.7)에서 M&A 유형별 주요 쟁점과 위험요소들을 정리한 것입니다.

M&A 유형 및 목적		주요 쟁점/위험요소		
		자원	프로세스	가치
수평적 확장형	규모확대 및 규모의 경제 달성, 공급과잉 해소/통제력 강화 (동종산업 시장지배력 강화)	• 설비 효율화(시설 폐쇄 등) 관련 의사결정 • 인력 구조조정 • 핵심 고객의 이탈/관계 약화 • 피인수 기업의 보유자원에 대한 파악이 곤란 (대형 M&A)	• 규모의 경제(운영/비용 시너지)에 대한 정확한 파악 • 효과적인 시스템 통합 • 의사결정, 경영방식의 차이로 인한 갈등 • 제도/규제위험(반독과점 등) • 지배구조 문제	• 문화적 충돌 가능성 (인수 기업의 문화/가치 강요)
제품 포트폴리오 확장형	제품/서비스 다양화 (인접산업 제품/서비스 라인 확대)	• 제품간 브랜드 포지셔닝 갈등 • '제살 깎아먹기' cannibalization' 위험	• 제품별 광고, 유통 프로세스 차이 미인식 • 제품 관련 지식의 부족	–
경쟁 역량 보강형	기술, 브랜드, 유통 등 특정부문 경쟁력 강화 (기존 경쟁역량 보완/강화)	• 기술, 브랜드 등 무형자산 가치 평가의 불확실성	• 인수자원과 기존자원의 신속한 융화 • 핵심인재 이탈방지	• NIH(Not invented here) 신드롬
전후방 통합형	원료/부품, 캡티브 고객/유통채널 확보 (수직계열화 추구)	• 가치사슬상 활동범위 확대로 전략적 유연성 감소	• 업무프로세스의 효과적 통합 • 내부조정 관리비용의 증가	• 기존의 공급자, 수요자 관계 시각에 함몰

| 신사업
진출형 | 비관련 사업 진출
(비관련 산업분야
이동) | • 보유 자원 및 역량의 유
용성 감소
• 실패 확률이 높음 | • 이질적인 업무 관행 및
프로세스 충돌
• 기존 조직의 저항과 알력 | • 문화적 이질성의 가
능성이 가장 높음 |

'수평적 확장형'부터 '전후방 통합형'까지의 네 가지 M&A 유형은 기존 사업의 경쟁력 강화나 인접산업으로의 사업확장에 필요한 자원, 프로세스, 가치들을 최적화하면 시너지 성과를 창출할 수 있다라는 가정assumptions을 가지고 있습니다.

기존 사업과의 시너지 거리가 가장 먼 듯한 '신사업 진출형'도 새로운 사업영역이지만 인수자가 가진 자원과 역량을 투입하면 피인수 기업이 더 나은 성과를 만들어 낼 수 있을 것이라는 암묵적인 기대가 깔려 있습니다.

이처럼 대부분의 M&A는 인수 기업이 가지고 있는 유·무형적인 무엇인가를 투입하거나 결합하면 (피)인수 기업의 성과를 개선할 수 있을 것이라는 시너지효과를 전제로 하고있습니다. 하지만 이러한 '장밋빛 가설hypothesis'은 인수 기업의 편향된 기대에 불과한 경우가 많습니다.

실제 뉴욕대학교 경영대학원의 마크 L. 서로워 교수의 연구에 따르면, 다양한 산업에 걸친 168건의 M&A 사례를 조사한 결과 65%가 시너지 창출에 실패했다고 한 것을 보면 말입니다.

많은 경우, 인수 후 본격적으로 통합운영을 하게 되면, 정도의 차이는 있지만 통합 시너지의 논리에 크랙이 있다는 것을 발견하게 됩니다. 이러한 결함을 애써 무시하려 하지만, 시간이 갈수록 갈라진 틈이 점점 더 명확하게 모습을 드러내면서 인수계약 시 '시너지 효과'에 지불한 막대한 비용은 수증기처럼 사라지게 됩니다. 오히려 인수, 피인수 기업 둘다의 가치를 파괴시키는 최악의 경우가 발생되기도 합니다.

따라서 '수평적 확장형' 처럼 물리적인 통합시너지 효과가 어느정도 명확한 경우 이외에는 시너지 성과에 대한 가설을 원점에서 다시 살펴봐야 합니다.

사실 처음부터 온통 '시너지 효과'에 목적을 두고 성사된 M&A의 경우, 추진과정 내내 시너지 성과 창출이라는 암묵적인 프레임을 벗어 나기가 어렵습니다. PMI과정에서도 시너지 성과 입증에 무언의 압박을 받고 무리를 하게 됩니다.

이와 관련된 과거의 한 사례를 살펴 보겠습니다.

지난 몇 년 동안 매출과 이익 개선의 한계점에 봉착한 C기업은 막대한 비용을 지불하고 자신의 주요 고객인 D기업을 인수했습니다. C기업은 고정적인 판매처를 확보하고, D기업과의 협업을 통해서 다양한 용도의 신제품을 개발할 수 있을 것이라는 시너지 효과를 기대했던 것이었습니다.

하지만 당시 제 개인적인 기억으로는 이러한 인수목적이나 금액 측면에서 볼 때 상당히 의아했던 거래였습니다.

결론적으로 이 거래는 양쪽 모두에 좋지 않았습니다. 당시 C기업의 제품들 자체가 이미 용도 확장에 있어 기능과 성능 측면에서 물리적 한계를 가지고 있었습니다. 그런데도 불구하고, D기업을 C기업 제품의 용도 확장 도구로 활용하려 했었기 때문에 D기업의 제품 확장성까지도 제약이 생기게 된 것입니다.

또한 D기업의 마케팅과 연구개발 조직의 상당한 자원과 시간이 '시너지'라는 공상에 투입되었습니다. C기업의 재무성과를 개선하기 위해 D기업에게 공급하는 제품의 이전가격transfer price을 인상하였고, 제조원가를 낮추기 위해 품질에 문제가 있는 제품을 D기업에 밀어 넣기도 했습니다.

사실상 을의 입장에 있었던 D기업은 이에 대한 반론을 제기할 수도 없었죠.

결과적으로 C기업은 표면적으로는 손익이 개선되었지만 실제 상황에 대한 심각성을 왜곡시켰으며, C기업의 리더와 구성원들에게는 현재 처한 상황에 대해 잘못된 신호를 주었습니다. 또한 C기업 손익중심의 통합운영전략은 D기업의 확장성을 막아 버리는 결과를 초래했습니다.

대부분의 M&A는 특별한 환경과 심리적 상태, 그리고 제한된 시간, 데이터와 정보 속에서 이루어지기 때문에, 분석과 판단에 중요한 오류가 발생될 가능성이 높습니다.

따라서 PMI는 M&A의 가설을 세밀하게 검증하여 유연하게 가설의 궤도를 조정하거나, 필요한 경우 과감하게 가설을 폐기할 수 있는 과정이어야 합니다.

Ⅱ. PMI는 통합 범위와 방식, 속도, 그리고 인수 기업의 역할을 정의하는 것이다.

삼성경제연구소(Issue Paper, 2010.7)에서 M&A성공률에 대한 컨설팅업체들의 연구결과 정리자료를 보면, 전체적으로 M&A의 약 30~60%가 주주가치를 감소시킨 것으로 분석되었습니다.

조사업체	주요 조사결과	조사 대상
A.T. Kearney (1999)	• M&A 58%가 주주가치 감소 • 성공 M&A의 74%가 과거 M&A경험이 있었음	'93~'96 115개 대형 M&A
Mckinsey (2001)	• 65~70% 기업이주주가치 증대에 실패 • 경쟁사 대비 매출성장이12% 저조 • 40% 기업이 비용 시너지 창출에 실패	'90~'97 193개 M&A
KPMG (2001)	• 30% 가치증가, 39% 변화없음, 31% 가치감소 • 경영진의 82%는 성공적이라고 생각	'97~'99 118개 해외 M&A (경영진 설문)
BCG (2002)	• 61%가 1년후 주주가치 감소경험 • 산업내 동종 경쟁사 대비 실적이 4% 낮음	'95~'01 302개 대형 M&A
Mckinsey (2007)	• 57%가 인수 프리미엄 과다 지급 • 최근 M&A일수록 가치창출 성공확률이 높았음	'97~'06 1,000개 글로벌 M&A
A.T. Kearney (2008)	• M&A의 50% 이상이 가치창출에 실패 • 실행의 전문성, 비용보다 성장 추구, 시점이 중요	5억달러 이상 M&A (유경험CEO 설문)

즉, 이것은 M&A의 약 30~60%가 피인수 기업 자체를 잘못 선택하였거나 M&A의 가설 자체에 문제가 있었다는 뜻입니다. 아니면 인수합병 후 경영을 잘못하여 주주가치가 파괴된 것이라는 것을 의미합니다.

사실 피인수 대상기업 선정이나 M&A추진의 가설 자체에 문제가 있다고 하더라도, PMI단계에서 이를 교정할 수 있는 기회가 있기 때문에 결국 최종적인 책임은 PMI과정에 있게 됩니다.

이 책의 시작 글에서 인용한 A.T. Kearney의 조사결과에서도 M&A실패 리스크에서 '사후통합단계'가 53%를 차지하고 있는 것은 M&A추진 각 단계별 불확실성이 상당부분 M&A 마지막 과정인 PMI 리스크로 반영된 결과라고 해석할 수 있습니다.

M&A 계약이 끝나면 인수 기업은 유무형 자원과 역량을 주거나 받거나 해서 재무성과를 만들어 내려고 서두릅니다. 성과를 창출하려는 노력은 당연합니다다만, 문제는 성과창출 방식과 영역, 그리고 방법입니다.

인수 기업의 관점에서 '통합', '시너지'라는 강박관념과 환상에 빠져들면, 인수 기업 자신들이 가진 무엇인가를 자꾸 이식시키거나 통제하려는 현상이 발생합니다.

사실 이것은 인수 기업이 '피인수 기업보다 더 뛰어나다'라는 무의식적 우월성에서 나온 위험한 생각입니다. 정복자의 우월감 같은 것이죠.

어떤 경영시스템이나 인프라, 기업문화이든지 간에 '맞고, 틀리다'라는 절대적인 기준은 없습니다. 단지 그 기업에 적합하거나 적합하지 않은 것들이 있을 뿐입니다.

그래서 인수 기업중심의 '통합'과 '시너지'에 집착하다 보면, 피인수 기업의 사업특성에서 반드시 필요한 중요한 속성이나 강점이 무시되어 약화되기도 합니다.

와튼스쿨의 하비어 싱Harbir Singh 교수의 연구결과에서도 통합수준과 합병성과 간에 상충관계가 있다는 사실이 실증적으로 밝혀졌습니다. 이것은 인수 기업의 통합 강도가 높을수록 피인수 기업의 강점이 약화되어 M&A성과가 낮아진다는 것을 의미합니다.

따라서 PMI팀은 피인수 기업의 관점에서 바라보면서 '따로' 해야 할 것이 무엇인지, 시너지를 위해 '같이' 해야 할 것이 무엇인지를 좀더 객관적으로 살펴보도록 노력해야 합니다. 이는 인수 기업중심으로 통합을 하려는 집착에서 벗어나서, 동등한 파트너 관계에서 PMI를 추진해야 한다는 것입니다. 극단적으로 어떤 경우에는 피인수 기업을 그냥 내버려 두는 것이 최선의 방법일 수도 있습니다.

그래서 일부 다국적 기업들은 피인수 기업의 경영진을 그대로 유지하면서 운영자율권을 보장하는 파트너링partnering 방식을 도입하고 있습니다. 피인수 기업을 전략적 파트너로 존중하고, 인수 기업의 방식을 강요하지 않으면서 서로가 가진 지식과 베스트 프랙티스 공유를 통해 선별적·단계적으로 시너지를 추구하는 방식입니다. 물론 이러한 파트너링 방식도 M&A의 유형과 상황에 관계없이 무조건 유효한 것은 아닐 것입니다.

어쨌든 피인수 기업의 현황을 파악하는 PMI 초기단계에서 다음 표의 내용과 같이 경영철학과 경영원칙, 비전과 사업전략, 운영시스템, 조직구조와 인력구성, 기업문화에 대한 통합의 범위와 속도, 그리고, 인수 기업의 역할을 명확하게 결정해야 합니다.

통합 범위(영역)	통합 방식	통합 속도	인수 기업의 역할(개입과 지원 정도)
고위 경영층(특히 CEO)	전면 교체~기존 유지	급진적~점진적	
경영철학과 경영원칙	양사 통합 vs 독립적 운영		
비전과 사업전략	양사 통합 vs 독립적 운영		
운영시스템	상당부분 통합~일부 주요 활동만 통합		
조직구조 및 인력운영	조직/인력 통폐합~양사 별도 조직/인력 운영		
기업문화	양사 통합~독립적 운영		
피인수 기업의 운영 자율성			거의 없거나 제한적~거의 전적으로 보장
피인수 기업의 재무 지원			생존과 성장을 위한 투자비 지원규모 결정

통합 범위와 방식, 속도, 그리고 인수 기업의 역할을 결정한다는 것은 피인수 기업의 경영방식을 바꿀 것인지 말 것인지, 만약 바꾼다면 어떤 영역에, 어떤 방식과 속도로 진행할 것인지를 정의하는 것입니다. 또한 인수 기업이 피

인수 기업의 운영 자율성을 어느정도 보장할 것인지와 재무적 지원규모도 명확히 결정하는 일이기도 합니다.

그리고 양사 간 통합 범위와 방식, 속도, 그리고 인수 기업의 개입과 지원 정도를 결정할 때는 M&A 유형 및 목적, 양사가 가진 자원과 특성(브랜드, 기술, 유통채널 등)들의 대체 가능 여부, 해당 국가·민족의 자존심(해외기업 인수시), 기업문화의 특성, 인수 기업의 역량수준 등의 요소들을 충분히 고려해야 합니다.

Ⅲ. PMI는 M&A를 성공시키기 위한 변화와 혁신의 과정이다.

M&A 유형과 목적에 관계없이 시장에 나온 매물은 대부분의 경우 뭔가 해결해야 할 이슈와 한계를 가지고 있습니다. 기존 사업의 확장과 새로운 성장을 위해 필요한 자원과 역량이 부족하든지, 이미 성장의 한계에 봉착했든지, 아니면 사업의 불확실성이 너무 크든지 하는 문제들입니다.

따라서 PMI는 이러한 이슈와 한계를 극복하기 위해서 피인수 기업의 현재 상황을 정확하게 파악하고, 리스크를 최소화하면서 무엇을 어느 정도로, 어떻게 변화시킬 것인지를 설계하고 실행하는 활동이 되어야 합니다.

이를 위해서 필요한 경우, 기업 내부의 '구조$_{structure}$'를 재설계하거나, 리더·구성원들의 '생각과 행동 양식'을 변화시켜야 하는 어려운 일도 해야 합니다.

'구조'를 재설계한다는 말은 리더·구성원들이 제대로 일을 할 수 있는 환경, 즉 조직구조, 인력구성, 제도, 규정, 기준, 비즈니스 프로세스 등과 같은 것들을 다시 조성한다는 의미입니다. 물론 아무리 '구조'를 잘 설계했다고 하더라도, 리더·구성원들이 설계 의도에 맞지 않는 생각과 행동을 한다면 그 '구조'는 그리 큰 효과를 발휘하지 못할 것입니다.

예를 들면, 현재 보유 기술들의 융합을 통해 신사업, 신제품에 대한 획기적인 아이디어를 도출하기 위해서 흩어져 있는 사업부 R&D조직들을 한 조직으로 통합해도, 연구원들이 서로 지식과 아이디어를 공유$_{sharing}$하고 토론하지 않는다면 그 '조직구조'의 변화는 별 효과가 없게 됩니다.

물론 어떤 영역에 있어서는 인간의 생각과 행동 방식에 대한 깊은 이해를 바탕으로 '구조'만 잘 설계하면 사람들의 생각과 행동에 변화를 만들 수도 있을 것입니다. 하지만 많은 경우 사람들의 생각과 행동이 전적으로 하드웨어인 '구조'에 의해서만 작동되지는 않습니다. 소프트웨어인 사람들의 생각과 행동 양식, 즉 '조직문화' 자체를 변화시켜야 합니다.

그런데 조직문화는 인간의 본능과 유전적·사회적 조건에 의해 단단하게 형성된 심리적 상태를 바꾸어야 하는 어려운 일이며, 잘못하면 부작용이 크기 때문에 조심스럽게 접근해야만 합니다. 그래서 항상 PMI를 추진할 때마다 '구조'와 '조직문화'를 어느 정도까지 건드려야 할지가 고민되는 것입니다.

그리고 한편으로는 피인수 기업이 원래 가지고 있었던 리스크나 M&A에 의해 새롭게 등장한 리스크를 조기에 제거하는 것이 중요합니다. M&A의 목적이 '리스크'에 의해 어이없이 무너질 수도 있기 때문입니다.

이러한 '구조 및 조직문화' 설계와 '리스크 관리' 관점에서 PMI활동을 「비전과 사업전략 수립」, 「리스크 관리」, 「핵심 역량과 인력의 파악·유지·강화」, 「조직구조 및 인력운영 재설계」, 「운영시스템 구축」, 「기업문화 혁신」 등 총 6개 영역으로 구성할 수 있습니다.

이 영역들은 모두 중요하지만 다음 그림처럼 M&A 유형과 목적, 시너지 정도, PMI 범위와 기간에 따라 추진 가능한 영역들이 다를 수가 있기 때문에, 상황에 따라 선택적으로 추진할 수도 있습니다.

M&A 유형 및 목적		PMI추진 영역					
		비전과 사업 전력 수립	리스크 관리	핵심 역량·인력의 파악·유지·강화	조직구조 및 인력 운영 재설계	운영시스템 구축	기업문화 혁신
수평적 확장형	규모확대 및 규모의 경제 달성, 공급과잉 해소/통제력 강화 (동종산업 시장지배력 강화)	○	○	○	★	◎	○
제품 포트폴리오 확장형	제품/서비스 다양화(인접산업 제품/서비스 라인 확대)	◎	◎	★	○	★	◎
경쟁역량 보강형	기술, 브랜드, 유통 등 특정보문 경쟁력 강화(기존 경쟁역량 보완/강화)	★	○	★	○	○	◎
전후방 통합형	원료/부품, 캡티브 고객/유통 채널 확보(수직계열화 추구)	★	◎	★	○	◎	◎
신사업 진출형	비관련 사업 진출(비관련 산업 분야 이동)	★	◎	★	◎	◎	◎

★(가장 중요), ◎(매우 중요), ○(중요)

그럼 M&A 유형 및 목적, 시너지 효과의 기대수준에 따른 PMI추진 영역들에 대해 간단하게 설명하겠습니다.

「수평적 확장형」: 유형적인 통합을 통해 규모의 경제, 지역적 커버리지 확상 혹은 과잉 생산설비 효율화 등의 시너지를 창출하는 것이 핵심목적이기 때문에, 이를 위해 조직구조 및 구성 인력을 통폐합하고, 통합적인 운영시스템을 설계, 실행하는 것이 가장 중요합니다.

이 M&A 유형에서는 지속적인 차별적 경쟁력 강화와 새로운 성장을 위해 6개 PMI추진 영역들 중에서 주요 영역과 프로세스를 재설계하는 것도 고민해 볼 수 있습니다.

「제품포트폴리오 확장형」: 인수 기업이 가지고 있는 제품이나 서비스 라인을 추가하여 교차판매나 추가판매 등 새로운 성장기회를 모색하고, 외부환경의 변화에 따른 수익 변동성을 최소화하고자 하는 것이 목적입니다.

예를 들면, 여성 및 유아용품에 편중되었던 P&G가 남성 시장의 확대를 위하여 2005년에 면도기 등 남성용품 위주인 질레트를 인수한 경우입니다.

그리고 또한 피인수 기업과 R&D, 판매, 생산활동 등을 공동으로 운영함으로써 비용 대비 효과를 극대화할 수 있는 '규모의 경제' 효과도 기대할 수 있습니다.

그런데 이 M&A 유형은 인수, 피인수 기업간에 제품이나 고객이 중첩될 수도 있기 때문에 이를 통합 정리하기 위해 통합적인 관점에서 비전과 사업전략을 수립하고, 조직구조와 구성인력을 재설계할 필요가 있습니다. 이러한 과정에서 문화적 충돌이나 동기부여 문제 등으로 피인수 기업의 핵심인재들이 이탈하지 않도록 조심해야 합니다.

한편으로는 중장기적인 측면에서 양사 간의 기술융합을 통해 제품포트폴리오가 지속적으로 확장될 수 있도록 관련 PMI영역들의 핵심 프로세스들을 재설계할 수도 있습니다.

「경쟁역량 보강형」: 기술역량, 브랜드, 생산시설 등 주요 경영 요소나 활동의 일부를 인수함으로써, 인수 기업이 보유하고 있는 기존의 역량을 보완, 강화하는 것이 목적입니다.

이것은 IT사업처럼 기술변화의 속도가 빠른 산업에서 유용한 전략인데, 인터넷 급팽창기에 성장한 시스코가 1980년대 중반 이후부터 약 10년간에 걸쳐 80개 넘는 기업들의 M&A를 통해 IT네트워크 관련 기술 및 역량을 신속하게 확보한 경우입니다.

그리고 또한 첨단 생산시설이나 입지경쟁력의 보강을 통해 기존 사업의 운영효율성을 강화하거나, 신규 브랜드를 확보함으로써 경쟁역량을 강화하기도 합니다.

이런 경우에도 통합적인 관점에서 비전과 사업전략을 수립하여 인수, 피인수 기업 간의 관계설정과 양사가 가진 자원과 특성들을 융합해야 합니다. 이 과정에서 핵심인재들이 이탈하지 않도록 주의해야 합니다.

「전후방 통합형」: 가치사슬value chain의 전후방에 있는 사업을 수직적으로 결합함으로써, 안정적인 공급 확보와 체인 간 활동들의 통합을 통해 원가, 품질, 제품개발, 물류 영역에서의 가치를 제고하는데 목적이 있습니다.

이 유형에서의 PMI 활동은 기존의 공급자, 수요자 관계에 함몰되지 않도록 통합된 비전과 사업전략을 수립하고, 체인 간 활동들의 통합을 위한 운영시스템을 정교하게 설계, 작동될 수 있도록 하는 것입니다. 또한 피인수 기업의 핵심 역량과 인력을 유지, 강화하고 양사 간 문화적 충돌이 발생하지 않도록 사전에 조치를 취하는 것도 중요합니다.

「신사업 진출형」: 주력 사업이 정체기나 성숙기에 있을 경우 기존 사업중심의 사업 다변화를 시도하거나, 완전히 새로운 사업 영역의 성장 엔진을 발굴하는데 목적이 있습니다.

이 경우 인수 기업은 새로운 사업에 대한 지식과 경험, 정보가 부족하기 때문에 PMI 활동의 범위나 속도를 조심스럽게 조정해야 합니다.

일방적인 PMI추진은 핵심인력들의 저항과 이탈, 그리고 비효율성을 초래할 수도 있기 때문에 양사 멤버로 이루어진 통합 PMI추진팀을 운영하고, 피인수 기업들의 리더·구성원들과 전략적이고 체계적인 커뮤니케이션을 하는 것이 중요합니다.

그리고 통합 PMI추진팀을 통해 PMI 6영역들에 대한 진단을 하고, 양사가 합의한 PMI추진 범위와 핵심 PMI추진 과제를 도출, 진행하는 것이 좋습니다.

PMI 혁신을 성공적으로 추진하는데 있어서 가장 중요한 변수는 피인수 기업의 경영층, 특히 CEO의 혁신 의지와 통찰력, 그리고 실행 역량일 것입니다. 혁신의 험난한 과정을 지치지 않고 나아가기 위해서는 CEO의 역할이 절대적으로 중요합니다.

만약 CEO가 PMI 혁신에 대해 부정적이거나 실행 역량이 충분하지 않을 경우, 설계는 그런대로 잘 되었다고 하더라도 실행단계에서 흐지부지될 가능성이 매우 높습니다.

그래서 기존 CEO가 유임되는지, 아니면 누가 새로운 CEO로 선임될 것인지는 성공적인 PMI추진에 있어서 매우 중요한 문제입니다.

피인수 기업의 CEO가 바로 교체되지 않는 경우도 많습니다. CEO 개인의 역량이 뛰어난 경우도 있지만, 인수시 CEO승계 계약조건, 고객들 혹은 인수기업 핵심인력들과의 개인적 네트워크, 인수인계 기간 확보 등의 이유로 유임되기도 합니다.

이런 경우, 인수 기업에서는 재무 등 일부 임원을 파견 혹은 이사회 멤버 형태로 참여하여 CEO승계를 위한 암묵적인 업무인수인계 기간을 가지기도 합니다.

사실 가장 좋은 PMI 출발 시점은, 피인수 기업 구성원들의 긴장감과 변화 수용도를 고려할 때 M&A 발표 후 바로 시작하는 것입니다.

하지만 중요한 것은 피인수 기업 리더·구성원들의 변화 수용도이기 때문에 피인수 기업 CEO의 혁신의지, 실행역량, 교체 여부와 교체시점 등을 고려하여 PMI 혁신의 시작 시점과 추진 속도를 결정하는 것이 좋습니다. 만약 여러 가지 이유 때문에 변화와 혁신의 의지가 약한 피인수 기업의 CEO를 교체하지 못했다면, CEO가 바뀌고 인수 기업의 본격적인 경영참여가 시작되는 시점에 PMI 혁신활동을 본격적으로 시작할 수도 있습니다.

물론 시너지 성과가 중요하고 시급한 경우에는 1차적으로 부분적인 PMI 활동을 우선 진행할 수도 있을 것입니다.

Ⅳ. 성공적인 PMI를 위해서는 체계적인 PMI추진 프로세스와 방법이 필요하다.

M&A 유형에 따라 PMI추진 내용도 달라져야 할 것입니다만, 모든 M&A 유형별 PMI추진 방법을 설명할 경우에 내용이 중복되고 복잡할 수 있기 때문에, 이 책에서는 '신사업 진출형' M&A를 가정하고 이야기를 전개할 생각입니다.

'신사업 진출형'을 선택한 이유는 비관련 사업진출을 위한 M&A의 경우 앞의 그림처럼 6개의 PMI추진 영역들 대부분이 중요하게 다루어져야 하고 고민해야 할 사항이 가장 복잡하고 다양하기 때문입니다. 또한 삼성경제연구소(2010.2)에서 SERICEO 경영자 회원 288명을 대상으로 M&A추진 목적에 대한 설문조사에서 '사업다각화를 위한 신규사업 진출'에 가장 많은 응답을 한 결과도 고려했습니다.

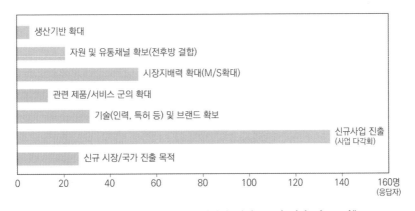

자료 : 삼성경제연구소(2010.2) "SERICEO 경영자 회원 288명 대상 설문조사"

그리고 PMI추진 프로세스는 M&A 유형에 관계없이 비슷하기 때문에 어느 특정 M&A 유형을 가정하고 이야기를 전개해도 일반적인 PMI의 추진과정을 이해하는 데에는 큰 문제가 없을 것이라고 생각합니다.

다음의 PMI프로세스는 M&A의 가설을 검증하고, 체계적인 변화와 혁신의 과정을 통해 성공적인 M&A를 마무리하기 위한 단계들과 각 단계별로 필요한 주요 활동 내용들입니다.

PMI추진을 위한 사전 준비	통합PMI 추진조직 구성과 운영	PMI영역별 이슈파악 및 실행과제 도출	철저한 실행과 지속적인 혁신과제 도출
① 피인수 기업에 대한 기존의 정보 분석 및 가설수립	④ 피인수 기업의 PMI에 대한 기대와 신뢰 형성	⑦ PMI 6영역들의 기본개념 이해	⑩ 실행조직 구성 및 상세 실행 계획 수립
② PMI 추진조직과 운영계획의 초안 작성	⑤ 통합 PMI 추진조직의 화학적 원팀 구축	⑧ PMI 추진 영역별 추진과제 도출 및 우선순위 선정	⑪ PMI 비전과 혁신계획 구성원 들과 공유
③ PMI 추진계획에 대한 인수기업 내부 공감대 형성	⑥ 커뮤니케이션 전략수립 및 실시	⑨ PMI실행 과제별 현상파악 및 해결방안 설계	⑫ 추진실적 평가 및 성공사례 공유, 지속적 혁신과제 발굴

이 PMI프로세스는 M&A의 유형과 규모, 사업 특성과 상황에 따라 일부 단계와 활동들을 생략하거나 변형하여 적용할 수 있습니다. 어쨌든 PMI프로세스는 적어도 PMI 방법을 고민할 때 뭔가 아이디어의 출발점을 제시해 준다는 점에서 그 유용성을 찾을 수 있을 것입니다.

지금부터 지난 PMI 경험들과 연구내용을 바탕으로 재구성된 PMI 사례를 전개하면서, PMI 프로세스를 구성하는 단계들과 각 단계별 활동내용들을 구체적으로 설명하겠습니다.

각 단계별 활동내용들 중 일부는 「신사업, 신제품 오디세이(2019.9, 박영사)」를 참고하시면 좀더 세밀하게 이해하는데 도움이 될 것입니다.

이 책의 이야기는 비관련 사업 진출에 관심을 가진 A기업이 B기업 인수를 위한 실사Due Diligence와 이사회 승인이 완료되고, 암묵적으로 양사의 경영진들이 PMI를 추진하기로 결정한 시점부터 시작됩니다.

이야기에 등장하는 A기업의 '한 실장'은 인수 기업에서 한국과 미국, 중국 사업장에서 다양한 혁신 프로젝트를 추진한 경험이 많고, 사내 컨설팅 경험도 풍부하여 PMI 퍼실러테이터facilitator로 선임된 인물입니다만, 사실상 PMI 컨설팅 역할을 수행하게 됩니다.

인수 기업에서 처음에는 글로벌 PMI 컨설팅업체 활용도 고려했지만, 이럴 경우 용병을 고용한 점령군이라는 이미지, 그리고 PMI과정에서 피인수 기업의 심리적 불안과 저항을 초래할 가능성을 우려했습니다. 그래서 일단 자체적으로 진행하기로 하고, 필요할 경우 부분적으로 외부 도움을 받기로 결정했습니다.

어쨌든 중간에 부분적으로 외부 컨설팅업체를 활용하든지 간에 관계없이 퍼실러테이터는 PMI 활동 전체를 설계하고 조율, 자문하는 PMI 아키텍터$_{architect}$ 역할을 하게 되며, 아키텍터의 전문성은 PMI성공 여부에 있어 핵심적인 요소 입니다.

PMI 아키텍트는 양사간의 복잡한 이해관계 속에서 M&A 계약체결 당시 가설을 냉정하게 검증하여 양사 간의 시너지 영역과 성장을 위한 혁신의 기회 를 찾아내고 실행의 성공확률을 높이기 위한 프로세스와 방법을 설계해야 합 니다.

또한 PMI 과정과 결과에 대해 양사의 경영진들, 핵심인력들과 구성원들의 공감대를 형성하고 적절한 의사결정을 이끌어 내기 위한 전략적이고 체계적인 커뮤니케이션을 진행할 수 있어야 합니다.

사실 이러한 역할은 육체적·정신적으로 쉽지 않은 일이며, PMI추진 과정 전번에 걸쳐 전체와 부분을 이해하고 판단할 수 있는 훈련된 통찰력이 필요한 진문가 영역입니다.

이 책에 쓰여진 스토리는 여러 PMI 사례들이 융합, 재구성되었고, 돌이켜 볼 때 아쉬웠던 과정들은 편집·보완하여 구성되었습니다. 즉 시간적·공간적으 로 다른 여러 사례들이 합쳐져서 하나의 스토리가 만들진 것입니다.

성공적인 PMI 추진

프로세스와 방법

I. 피인수 기업에 대한 기존의 정보를 분석하고 가설을 수립하라.

인수가 결정된 초기나 피인수 기업의 최고경영진 교체시점에는 긴장상태가 조직 전반에 형성되며, 동시에 다가올 변화에 대한 불안과 기대가 구성원들 사이에 존재한다. 이러한 심리상태에서는 변화에 대한 구성원들의 수용성도 높아져 있기 때문에 신속하게 비전을 제시하고, 변화의 방향과 방법을 도출하여 변화의 흐름을 형성하는 것이 무엇보다도 중요하다.

한실장은 PMI 기간이 너무 늘어지거나 변화의 방향과 내용이 미흡하면 PMI추진의 동력은 약화되고 혁신의 기회를 잃게 된다는 것을 과거의 경험을 통해 잘 알고 있다.

인수계약을 하고, PMI추진 분위기가 만들어지는 데까지 앞으로 몇 주간의 시간 여유가 있을 것이다. 이 기간 동안 이번 딜을 성사시킨 M&A팀과 협의하여 PMI추진 조직을 구성하고 개략적인 추진 계획을 수립해야 한다.

이런 PMI프로젝트는 양사 경영층과 PMI팀의 멤버들의 의견을 듣고, 토론을 하는 것도 중요하지만, 한실장의 전문적인 통찰력이 무엇보다도 중요하다. 결국 모든 의견들을 듣고 종합하고 실무적으로 최종 판단하는 것은 PMI 아키텍터의 중요한 역할이기 때문이다.

'통찰력은 관련 주제에 대해 보유한 데이터·정보의 양과 질에서 출발한다'는 것을 믿고 있는 한실장은 M&A팀에게 요청하여 실사결과 자료와 보유하고 있는 모든 관련 데이터를 받아서 꼼꼼하게 읽고, 현상과 이슈를 파악하기 위해 몰입했다.

'해당 산업에서 국내 시장점유율 1위, 약 30% 부채비율과 평균 20%의 영업이익률을 기록하고 있는 B기업의 최대주주가 가진 지분을 전부 매각하고 경영권을 넘기려는 이유가 과연 무엇일까?'

한실장은 이에 대한 해답이 이번 M&A의 리스크 혹은 기회요소가 될 것이라고 생각했다. 현재 가지고 있는 자료만으로는 확실히 한계가 있겠지만, 팩트fact 분석을 차근차근 한다면 의미있는 추론을 할 수 있을 것이다.

한실장은 전달받은 자료를 모두 읽고 난 뒤, 먼저 지난 7년간 B기업의 전체 매출액과 영업이익률, 그리고 부채비율을 다음과 같이 표와 그래프로 간단하게 정리했다.

매출액/영업이익 추이

■ 매출액   ■ 영업이익

(백만원)

	2012	2013	2014	2015	2016	2017	2018	CAGR*
매출액	46,355	55,080	76,419	93,723	101,937	109,265	106,032	15%
영업이익	8,826	11,574	16,605	22,587	22,187	23,393	20,070	15%
영업이익%	19%	21%	22%	24%	22%	21%	19%	

*CAGRcompound annual growth rate : 연평균 성장률

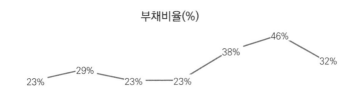

부채비율(%)

	2012	2013	2014	2015	2016	2017	2018	CAGR*
자산	88,232	98,735	114,365	133,091	192,858	220,742	215,837	16%
자본	71,526	76,779	92,714	108,276	139,722	151,247	163,194	15%
부채	16,706	21,956	21,651	24,815	53,136	69,495	52,643	21%
부채비율(%)	23%	29%	23%	23%	38%	46%	32%	6%

(백만원)

*CAGRcompound annual growth rate : 연평균 성장률

모든 자료들의 내용을 종합해 보니 뭔가 숫자 뒤에 B기업이 살아온 궤적과 지금의 고뇌가 어슴푸레 보이는 것 같았다. 한실장은 데이터와 그래프를 보면서 가능한 한 자신의 생각을 일방적으로 개입시키지 않고 팩트에 기반한 분석과 추론을 하려고 의식적으로 노력하면서 우선 다음과 같이 간략하게 정리했다.

구 분		팩트fact	분석
성장성	매출액	• 연평균 매출 성장률(CAGR)은 15% • 2018년에 처음으로 전년 대비 매출액 마이너스(-3%) 기록	• 성장성과 수익성은 매우 우수하나 최근 몇 년간은 정체 또는 하락하고 있음
수익성	영업이익	• 연평균 영업이익 성장률(CAGR)은 15% • 2018년에 전년 대비 영업이익 큰 폭으로 하락(-14%)	• 특히 2018년은 매출액, 영업이익, 영업이익률 모두 전년 대비 마이너스를 기록
	영업이익률	• 영업이익률이 19% ~ 24%로 매우 높음 • 2015년 이후 영업이익률이 지속적으로 하락 (24% → 19%)	
안정성	부채비율	• 부채비율은 50% 이하로 매우 안정적 • 현재 부채비율은 32% 수준	• 안정된 현금흐름 및 차입에 의한 투자는 최소화

분석결과를 바탕으로 한실장은 몇 가지 추론을 했다. 아직은 부족한 데이터와 정보에 근거한 추론들이기 때문에 틀릴 수도 있지만, PMI추진 방향을 개략적으로 설정하는데 도움이 될 것이다. 잘못된 것은 그때 수정하면 된다.

첫째, 기존의 고객구조로는 매출액과 영업이익의 획기적 개선에 한계를 가지고 있으며, 기존의 최고경영자는 모험보다는 안정을, 혁신보다는 점진적 개선을 추구하는 성향을 가지고 있다.

둘째, 설립자인 최고경영자는 본인의 성향과 역량, 현재의 시장구조에서 B기업을 유지, 성장시키는데 어려움이 있다는 것을 인식하고 있었는데, 결론적으로 또 한번의 도전보다는 매각을 선택했다. (이것은 현재 B기업의 재무성과가 정점일 수 있으며, 인수 후에 통상적인 방식으로는 현재의 성과를 유지하는 것 자체도 어려울 수 있다는 것을 의미할 수도 있다.)

셋째, B기업의 산업분야에 잔뼈가 굵은 최고경영자가 영업이익률이 20%가 되는 기업을 매각하기로 결정한 것은 적어도 현재의 용도 및 고객으로는 유지나 성장에 한계와 불확실성이 높다는 것을 의미할 수 있다.

넷째, 따라서 새로운 성장을 위해서는 일반적인 점진적 개선방식으로는 한계가 있으며, 획기적인 접근이 필요할 가능성이 높다. 그리고 그 과정이 매우 험난할 수 있다.

한실장은 이러한 추론이 타당한지를 검증하기 위해 M&A팀과 미팅을 하였는데, B기업에 대한 몇 가지 중요한 정보를 더 얻을 수 있었다.

"주요 고객에 대한 매출 의존도가 너무 높아, 그 고객들의 구매 전략과 사업성과에 영향을 많이 받습니다."

"기존사업의 성공에 있어 핵심 고객과의 관계 관리와 제품개발 대응력이 매우 중요합니다."

"주력 제품이 국내 시장에서 시장점유율 1위를 오랫동안 유지한 이유는 주요 고객들의 요구에 신속하게 대응할 수 있는 기술력과 고객과의 신뢰관계 덕분입니다."

"사업영역을 다변화하기 위해 3년 전에 신사업을 론칭하였습니다만, 아직까지 가시적인 성과가 없습니다."

"해외 디스트리뷰터가 20군데 있습니다만 판매실적은 미미합니다. B사 제품뿐만 아니라 다른 제품들도 같이 취급하고 있기 때문에 적극적인 고객 발굴과 마케팅 활동이 잘 이루어지지 않고 있는 것 같습니다."

"사업 실적도 좋고, 최고 경영자가 화합을 중요시하여 치열한 경쟁보다는 가족 같은 분위기를 가지고 있습니다. 그리고 급여도 동종업계에서 가장 높아 구성원들의 만족도와 자부심이 높습니다."

한실장은 일단 자료분석결과와 추가 정보를 바탕으로 성공적인 PMI를 위한 몇 가지 초기가설을 수립했다. PMI 활동이 시작되면 가능한 한 빠른 시간 내에 관련 데이터분석이나 인터뷰를 통해 검증을 할 생각이다.

그래야 PMI 추진 방향이 명확히 정해지고, 이에 따른 비전과 전략을 수립하고 조직문화와 조직구조, 운영시스템 등을 신속하게 재설계할 수 있을 것이다.

가설① : 현재 주력제품의 국내시장에서의 경쟁은 더욱 치열해지고 있으므로, 안정된 고객 포트플리오 구축과 성장을 위해서는 중국시장을 포함한 해외시장 개척에 주력해야 한다.

가설② : 다양한 사업분야에 있는 기존의 개발기술들을 통합하거나 융합하면, 다른 유망 제품이나 용도를 발굴할 수 있을 것이다.

가설③ : 전방산입으로 사업 확장은 매력적이기는 하나 상당한 두자비가 필요하며, 만약 사업진출시 현재 주요 고객들을 포함하여 경쟁 관계에 있게 될 많은 기존 고객들이 B기업과의 거래를 중단하거나 구매량을 상당히 줄일 것이다.

가설④ : 해외시장을 개척하고, 신규 유망 용도를 발굴하고 추진하기 위해서는 현재의 조직문화와 조직구조, 운영시스템으로는 한계가 있으며, 획기적인 변화가 필요하다. 특히 연구개발과 마케팅 영역의 혁신이 중요하다.

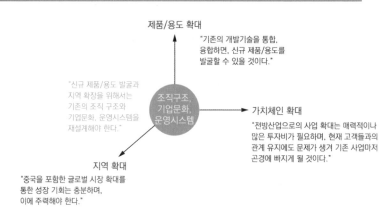

한실장은 우선 PMI추진 조직과 개략적인 PM추진 계획에 대한 초안을 작성하는 것이 필요하다고 생각했다. 언제던지 PMI 활동을 가동하기 위해서는 일단 PMI추진 일정과 방향, 프로세스와 함께 PMI추진 조직에 대한 내부 승인을 가능한 한 빨리 받아놔야 하기 때문이다.

그래야 우선 확정된 내부(A사)의 PMI 멤버들과 함께 본격적인 사전준비를 할 수 있고, 양사 통합 PMI추진팀이 구성되면 적기에 PMI 활동을 시작할 수가 있다.

한실장은 시작과 완료 타이밍은 이런 종류의 프로젝트에서는 중요하다고 생각했다. 피인수 기업 리더·구성원들의 긴장도와 변화수용도가 높을 때 신속하게 진행해야 효과적인 PMI를 추진할 수 있다는 것을 과거의 경험으로부터 본능적으로 느끼고 있는 것이다.

II. PMI추진 조직과 운영계획의 초안을 미리 준비하라

한실장은 작성한 「PMI TF 조직구조와 역할정의」 초안을 가지고 M&A팀과 협의를 했다. 어쨌든 PMI 조직구성에 대한 품의는 M&A팀이 해산하기 전에 해야할 업무이기도 하지만 실사 등 M&A 계약체결까지 실무역할을 담당했기 때문에 현재까지는 피인수 기업에 대한 사정을 가장 잘 알고 있을 것이라고 생각했다.

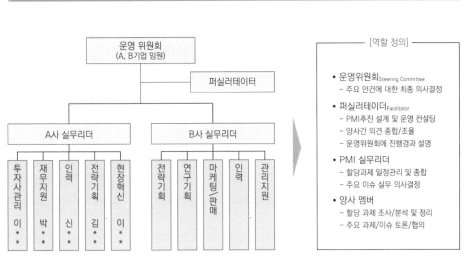

PMI TF 조직구조와 역할정의

* IT, 구매, 법무, 특허, 안전/환경 등은 필요시 참여

　　최종적으로, 퍼실러테이터인 한실장은 PMI 과정 전체를 컨설팅하는 PMI 아키텍터 역할을 담당하기로 했다. 아키텍터는 PMI를 설계, 운영하는 과정 전반에 관여하고, 의사결정협의체인 운영위원회에 진행과정을 종합적으로 보고하고 조율하는 역할을 하게 된다.

　　실질적으로 PMI 아키텍트인 한실장의 통찰력과 커뮤니케이션 역량에 PMI의 성공 여부가 상당부분 달려있게 되는 셈이다.

　　사실 대부분의 프로젝트가 그렇다. 전체를 설계하고 조율하는 아키텍터의 통찰력이 가장 중요하다. 뛰어난 통찰력은 해당 분야와 인접 분야에 대한 넓고 세밀한 지식과 경험이 필요하기 때문에 길고 험난한 과정을 거쳐야 숙성된다. 개념적이고 파편적인 지식으로는 뛰어난 아키텍트가 되기 어렵다.

최근에 유행처럼 이야기되고 있는 디지털 트랜스포메이션digital transformation과 스마트 팩토리smart factory의 경우도 마찬가지이다. 디지털에 대한 전문적인 지식, 해당 산업에 대한 폭넓고 깊은 이해, 사업전략에 대한 통찰력이 없이는 기존의 모습에 새로운 용어들로 덧칠만 될 뿐이며, 실질적으로는 아무런 변화도 만들어 내지 못할 것이다.

자사(A기업)의 PMI 실무 리더와 멤버들 선정은 M&A팀에서 관련 조직과 협의하여 결정해서 품의서를 작성하기로 협의하였다. 한실장은 가능한 한 M&A에 참여했던 멤버들이 또 선정되는 것이 바람직할 것이라는 생각도 전달했다.

그리고 양사 멤버로 구성되는 PMI 조직의 활동기간은 3개월 정도이며, 품의서를 작성할 대 회식비, 교통비, 교육훈련비 등의 예산을 충분히 확보해 달라는 부탁도 덧붙였다. 사실 엄청난 인수금액과 중요도를 고려하면, PMI 활동 예산을 절감하려고 노력하는 것은 어리석은 일이다. 예산은 남더라도 충분히 확보하는 것이 좋다.

품의서 작성과 승인까지 2주일은 족히 걸릴 것이다. 이 기간 동안 PMI추진의 방향과 프로세스, 방법에 대한 초안을 미리 작성해 두어야 한다.

이 초안은 자사(A기업)의 PMI 조직이 확정되면, 본격적으로 PMI프로젝트가 시작되기 전에 먼저 A기업 내부적으로 PMI추진 방향에 대한 토론을 위한 자료로 활용될 것이다. 또한 양 사의 통합 PMI추진 조직 구성 후 바로 진행될 팀 빌딩team building시에도 사용될 것이므로 처음부터 프레젠테이션 형식을 갖추어 작성하는 것이 효율적이다.

힘들지만, 본격적인 PMI 활동이 시작되기 전에 계획을 철저하게 세우는 것이 나중에 훨씬 힘이 덜 들고 시간절약을 할 수 있을 것이다.

계획을 세운다는 것은 강의 물줄기를 설계하는 일이다. 활동의 목적지를 정하고, 이에 도착하기 위해 누가, 무엇을, 언제까지 해야 할 것인지를 정하는 것이다. 그리고 이러한 계획은 전체에 대한 통합적 통찰력을 가진 전문가가 일단 초안을 만드는 것이 효과적이다.

　그렇게 해야 우왕좌왕하다 배가 산으로 올라가지 않고, 초안을 바탕으로 토론을 통해 합의된 방향으로 신속하게 항해할 수 있다.

Ⅲ. 먼저, PMI추진 계획에 대해 자사 PMI 조직 내의 이해와 공감대를 형성하라.

　갈등은 지식과 정보의 차이, 그리고 불명확한 역할 정의와 소외에서 일어나는 감정의 상태들이 충돌하는 것이다. 조직 내의 파괴적 갈등은 비효율성을 만들고, 쓸데없는 곳에 감정의 에너지를 소모하게 한다. 그래서 가능하다면 사전에 갈등이 발생하지 않는 구조를 만드는 것이 현명하다.

　또한 '우리가 어느 방향으로, 어떻게 갈 것인가?'에 대해 같이 고민하고 동의하는 과정을 거친다면 목표방향에 대한 응집력을 높일 수 있어 쓸데없이 소모되는 에너지의 손실도 줄일 수 있을 것이다.

　이런 의미에서, 자사(A기업)의 PMI 조직이 확정되면 PMI추진 계획 초안을 가지고 토론을 통해 각자가 가진 생각들을 공유하고, 모두가 공감할 수 있는 계획을 합의해 가는 과정이 필요하다.

　M&A팀과의 회의 후 2주가 지날 쯤에 M&A팀으로부터 PMI추진 조직과 기간, 예산에 대한 품의를 받았다고 전화연락이 왔다. 특별한 수정, 지시 사항은 없다고 했다.

　한실장은 A사의 PMI 실무리더로 선임된 안팀장을 만나 이런저런 이야기를 나누면서, 우선 A사 PMI멤버들 먼저 외부에서 1박 2일 워크숍을 진행하기로 했다. 인수 기업 멤버들만이 참석하는 내부 PMI팀 빌딩team building인 셈이다.

　워크숍 내용에 대해서는 사전에 A사의 운영위원회 멤버 임원들에게 설명하고, 필요한 경우 추진 내용과 일정에 대한 조율을 해야 한다. 그렇게 해야 나중에 문제가 생기지 않고, 적기에 필요한 지원을 받을 수 있다.

이러한 사전 커뮤니케이션은 앞으로 주기적으로 혹은 수시로 이루어져야 할 것이다. 추진 방향과 진행과정, 그리고 이슈들에 대해 충분히 전달하고 서로의 생각을 사전에 조율한다는 것은 중요한 일이다. 위원회 멤버들도 진행상황에 대한 충분한 정보를 가지고 있어야 CEO나 다른 임원들의 질문에 대해서 PMI추진팀과 일치된 생각을 전달할 수 있을 것이다.

과거 프로젝트에서 사전 조율을 제대로 하지 않아 힘들게 진행한 프로젝트의 방향 자체가 틀어진 일이 몇 번이나 있었지 않았던가? 당시 시간적 여유가 없고 바쁘다는 핑계로 이를 소홀이 한 대가였다. 몇 번의 경험 후에 한실장은 아무리 바빠도 사전 조율과 정보공유를 최우선적으로 생각하자고 몇 번이고 다짐했던 기억이 있다.

한실장은 점심식사를 조금 일찍하고 12시 30분쯤에 워크숍 장소로 출발하였다. 목적지까지 1시간 10분 정도 걸리니 도착해서 커피 한잔할 수 있는 여유는 가질 수 있을 것이다.

혼자 차를 운전하면 이런저런 생각을 할 수 있는 여유를 가질 수 있어 좋다. 대부분 외부의 자극에 치열하게 반응하는 삶을 살다가 외부와 차단된 듯한 조용한 공간에 있는 느낌이 편안함을 주어서 일까?

하지만 생각은 금세 회사일로 다시 넘어간다. 이번 PMI프로젝트는 중요한만큼 위에서 관심들이 높아서 다양한 의견들, 그리고 서로 상충되는 생각들 또한 많을 것이다. 리더들 서로가 가진 지식, 정보의 내용이 다르고 이해관계가 다르니 이것은 어쩔 수 없는 일이다. 하지만 도움이 되지 않는 오해와 갈등 상황은 최소화시켜야 하며, 이번 프로젝트도 이러한 상황들을 예방하고 조율하는데 상당한 시간을 투자해야 할 것이다.

이런저런 생각에 어느덧 목적지에 도착했다. 오늘 워크숍에서 실무 리더인 안팀장의 오프닝 인사가 끝나면 나머지 시간은 한실장이 진행하기로 했다. 분위기가 좋아 토론이 길어지면 6시가 넘어 끝날 수도 있을 것이라고 생각했다.

워크숍이 끝나고 난 뒤 근처 식당에서 뒤풀이를 하기로 되어있다. 이 자리에서는 공개적으로 말하지 못했던 진솔한 생각들과 중요한 정보들을 많이 들을 수 있다. 그래서 한실장은 뒤풀이 장소와 식사메뉴 선정을 매우 중요하게 생각한다.

M&A추진 과정, PMI추진 배경과 목적, 멤버 소개 등 안팀장의 오프닝 시간이 끝나고, 한실장의 순서가 시작되었다. 다음 주제들에 대해 하나씩 설명하고 토론하는 방식으로 진행할 생각인데, 이런 토론과정을 통해서 PMI에 대한 이해의 깊이를 더하고, 공감대를 형성할 수 있을 것이다.

- PMI의 중요성
- PMI추진 과정상의 일반적 현상
- PMI 조직구성 및 역할 정의
- PMI추진 프로세스
- 추진 일정계획Workplan

M&A에 있어 PMI의 중요성에 대한 설명을 마치고, PMI추진 과정에서 나타나는 일반적인 현상을 보여주는 두 번째 슬라이드를 스크린에 띄웠다.

PMI추진 과정에서 나타나는 일반적 현상

	Honeymoon	Transition	Stabilization

현상/특징	• 관망(기대와 우려)
	 - 기대 : 성장 지원과 대우 개선
	  (투자/시너지, 급여/복지)
	 - 우려 : 타 기업 시스템 적용에
	  따른 비효율성 발생
	  (B사 강점 약화 우려)
		• 갈등(충돌과 조정)
		 - 경영시스템 측면
		 - 조직문화 측면
		 - 리더십 측면
			• 안성(수용 혹은 체념)
			 - 능동적 안정화(수용)
			 - 수동적 안정화(체념)

접근방향	• 신뢰구축
	 - B기업의 사업특성/문화/
	  시스템에 대한 이해 노력
	 - '따로 또 같이' 관계 명확화
	  (불필요한 기대 사전 정리)
	 - Early-Win과제 실행
		• 양사간 소통창구 일원화
		 - 양사 요구사항 조정역할
		  (갈등요소의 사전조율)
		 - 양사의 소통창구 지정
		  (기대, 요청, 불만 사항)
			• 성장중심의 점진적 개선
			 - B사의 치명적 약점은 보완
			 - B사 강점 + A사 역량(필요시)

"피인수 기업의 입장에서는 M&A초기 허니문 기간에는 대개 상반된 두 가지 감정을 가지고 있습니다. 뭔가 기존의 문제들이 해결되고, 나에 대한 처우가 좋아질 것이라는 막연한 '기대'가 있습니다. 그리고 한편으로는 인수 기업의 일방적인 통제와 간섭에 의해 비효율성이 발생될지도 모른다는 '우려'도 있는데, 예를 들면 IT시스템, 평가·포상시스템 등과 같은 인수 기업의 운영시스템이나 기업문화를 섣불리 이식하려는 시도들입니다.

만약 '기대'가 의문으로 바뀌고, '우려'했던 것들이 현실이 되면, 관망은 갈등으로 변하게 됩니다. 이 시점에서 일부 핵심 인력들이 퇴사하기도 하고, 내부적으로 불만이 생깁니다. 그러다가 이러한 현실이 지속되면 희망은 체념으로 바뀌게 되며 변화의 불씨는 꺼지게 됩니다. 그리고 기대와 우려 속에서 관망을 해왔던 핵심인력들의 본격적인 이탈이 시작됩니다.

이와 반대로 처음 기대했던 것들이 현실로 이루어질 수 있다는 희망을 발견하게 되면, 변화에 대한 수용도가 더 높아지고 혁신의 에너지는 더 강화될 것입니다. 따라서 허니문 기간을 어떻게 보내느냐에 따라 변화, 혁신에 대한 구성원들의 참여도가 결정됩니다.

결론적으로 PMI의 첫번째 관문은 '허니문 기간을 어떻게 보낼 것인가?' 하는 것입니다."

허니문 기간을 성공적으로 보내기 위해서는 무엇보다도 피인수 기업에 대한 '가설'은 설정하되, '전제조건'은 가지지 말아야 한다.

예를 들면, B기업이 사업단위조직까지 KPI$_{key\ performance\ indicator}$ 제도를 도입하고 있을 경우, '당연히 개인단위까지 평가제도를 도입해야 한다'를 무조건 주장하지 말아야 한다는 것이다. 어려운 일이긴 하지만 B기업의 관점에서 상황을 바라보도록 해야 한다.

이를 위해서는 무엇보다도 먼저 B기업의 사업특성, 그리고 문화와 시스템에 대해 이해를 하려는 의도적인 노력이 필요하다.

그리고 그동안 힘든 시간을 보냈거나, 규모가 큰 기업에 의해 인수를 당한 피인수 기업의 구성원들은 급여, 복지에 대한 막연한 기대를 가지게 된다. 이에 대해서는 섣부른 희망을 가지지 않도록 가능한 한 빨리 명확하게 커뮤니케이션을 하는 것이 좋다. 그렇지 않으면 이러한 '기대 사항'이 나중에 불만요인으로 바뀌게 된다.

두 번째 슬라이드에 대한 설명을 끝낸 한실장은 숨을 고른 후, 품의를 받은 PMI추진 조직도를 띄우고 'PMI 조직구성과 역할 정의'에 대해 간단하게 설명했다.

사실 '역할 정의'는 실무 리더, 특히 인수 기업의 실무 리더와 퍼실러테이터인 한실장 간의 갈등을 사전에 예방하는데 필요하다.

인수 기업의 실무리더는 심리적으로 '갑'의 위치에 있기 때문에 PMI프로젝트 전체를 리딩하고 싶은 욕구가 크다. 그래서 퍼실러데이터가 PMI 전체를 설계하고, 운영위원회 임원들과 직접 커뮤니케이션을 하게 되면 마음이 불편할 수 있다. 더군다나 퍼실러데이터와 직급차이도 그렇게 크지 않고, 소속 조직이 다를 경우에는 더욱 그렇다.

그래서 출발점에서 서로의 역할에 대해 명확하게 이해하고 인정하는 것이 중요하다. 한실장은 서로의 책임과 권한에 대한 갈등을 방지하기 위하여 사전에 본인의 역할에 대해 프레이밍framing을 하고 싶었던 것이다.

"PMI프로젝트 전체를 설계하고, 운영하는 것은 전문 영역입니다. 이런 이유로 오랫동안 다양한 프로젝트를 경험한 제가 퍼실러테이터 역할을 맡게 되었습니다. 당연히 실무 리더와 모든 계획과 과정에 대해 충분한 협의를 하겠습니다만, 저의 전문성을 인정해 주시고 어떤 경우에 있어서는 여러분들의 생각과 다르게 일이 진행되더라도 이해해 주시면 좋겠습니다."

한실장은 'PMI 조직구성과 역할정의'에 대한 설명을 마치고, 'PMI추진 프로세스'에 대한 이야기로 넘어갔다.

	PMI 추진 프로세스			
	현재 ▼			
	PMI추진을 위한 사전 준비	통합PMI 추진조직 구성과 운영	PMI영역별 이슈파악 및 실행과제 도출	철저한 실행과 지속적인 혁신과제 도출
내용	① 피인수기업에 대한 기존의 정보 분석 및 가설수립	④ 피인수기업의 PMI에 대한 기대와 신뢰 형성	⑦ PMI 6영역들의 기본개념 이해	⑩ 실행조직 구성 및 상세 실행 계획 수립
	② PMI 추진조직과 운영계획의 초안 작성	⑤ 통합 PMI 추진조직의 화학적 원팀 구축	⑧ PMI 추진 영역별 추진과제 도출 및 우선순위 선정	⑪ PMI 비전과 혁신계획 구성원 들과 공유
	③ PMI 추진계획에 대한 인수기업 내부 공감대 형성	⑥ 커뮤니케이션 전략수립 및 실시	⑨ PMI실행 과제별 현상파악 및 해결방안 설계	⑫ 추진실적 평가 및 성공사례 공유, 지속적 혁신과제 발굴
결과물	• PMI추진의 주요 가설 • 통합 PMI추진 조직도와 PMI추진 계획표workplan • A사 워크숍 실시 및 PMI 추진방향 이해 및 공감대 형성	• B사 경영진 예방 및 PMI추진 계획 설명 • 통합 PMI추진팀 워크숍 실시 (팀 빌딩) • 구성원 커뮤니케이션 플랜	• PMI 6영역 이해(설명회 실시) • PMI추진 과제 도출 및 우선순위 선정 • PMI추진과제 As-is 파악 및 To-be 설계	• PMI과제 실행 조직구성 및 운영계획 • 과제별 상세 실행계획서 • PMI 실행계획 커뮤니케이션 • PMI과제 실행 모니터링 및 트래킹 리포터

"PMI추진 프로세스는 M&A의 목적을 달성하고 지속적인 생존과 성장을 위한 핵심과제를 도출하여 정확하게 파악한 현상as-is을 바탕으로 개선모습to-be을 설계하고, 철저하게 실행하는 4단계로 이루어져 있습니다.

B사의 PMI추진멤버 구성이 끝나면, 우선 이틀 일정으로 A사, B사 멤버들이 모두 참여하는 팀 빌딩 워크숍을 진행할 계획입니다. 통합 워크숍을 통해 PMI추진 방향과 프로세스, 일정에 대한 양사의 이해 및 공감대를 형성하고, 자유로운 토론을 통해 추진과정에 있어서 예상되는 이슈와 리스크를 도출할 것입니다.

그리고 또한 PMI팀의 미션과 지켜야 할 규칙, 열망, 추진팀의 명칭에 대해서도 같이 이야기하려고 합니다.

모든 관계가 그렇지만 첫 만남이 중요합니다. 양사가 참석하는 통합 워크숍에서 토론하고 고민하는 과정에서 서로를 좀더 이해하고, 신뢰감을 쌓을 수 있도록 노력해 주시길 바랍니다." 한실장은 옆에 있던 물을 한 모금 마시고, 이야기를 계속 이어갔다.

"이렇게 양사 통합 PMI추진 조직의 워크숍이 끝나게 되면 본격적으로

PMI추진 과제 도출과 현상파악, 그리고 각 과제별 개선 모습을 설계하고 실행하는 일들을 해야 합니다.

그리고 이 모든 일들은 지금 슬라이드에서 보시는 것처럼 6개의 PMI 영역과 각 영역별 담당자들 중심으로 진행될 것이기 때문에 먼저 각 영역들에 대한 충분한 이해가 필요합니다."

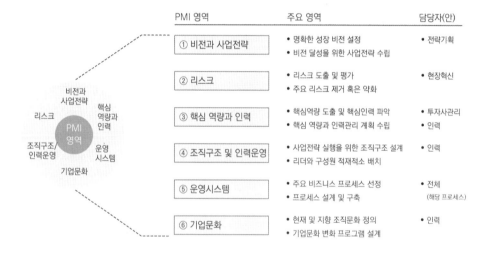

한실장은 6개 영역별 주요 내용에 대한 개념을 개략적으로 설명하고, 각 (세부)영역별 담당자에 대한 의견을 제시했다.

"오늘은 6개 영역들에 대해 개념적으로 간단하게 설명하고, 양사의 통합 PMI추진팀이 구성되면 그때 좀더 구체적으로 설명하도록 하겠습니다.

PMI 활동에서 가장 우선적으로 다루어야 할 영역이 리스크 관리입니다. 리스크는 사업의 근간을 흔들 수 있기 때문에 주의 깊게 살펴야 하는데, 특히 시급하고 영향력이 큰 리스크는 가능한 한 빨리 파악해서 조치를 취해야 합니다.

예를 들면, 사업 현장에 폭발 위험성이 있는 물질이 예산문제로 방치되어 있다면, 신속하게 투자해서 해결해야 하는 것입니다."

리스크는 안전환경 분야뿐만 아니라 특허 침해, 불공정 계약, 부실채권,

외환 포지션 등과 같은 다양한 분야에 존재하고 있다. 사실 리스크는 조사를 하면 쉽게 알 수 있는 것도 있지만, 실제 사업을 운영해 봐야 비로소 드러나는 것도 있다.

어쨌든 B사의 각 기능조직들은 본인들의 담당 업무에서 우려되는 리스크에 대해 대부분 알고 있기 때문에, 그들이 적극적으로 문제를 이야기할 수 있는 분위기를 만드는 것이 중요하다.

"그리고 성장에 대한 '비전과 사업전략' 수립은 PMI 활동에서 가장 중요한 영역인데, '성장'이 M&A의 근원적인 목적이기 때문입니다.

제대로 된 비전과 사업전략을 수립하기 위해서 충분한 정보수집과 조사가 필요합니다. 이를 위해서 컨설팅업체나 외부 해당 분야 전문가들의 의견도 중요하지만, B사 리더들과 내부 전문가들의 생각에 더 귀를 기울여야 합니다.

특히, 기존의 사업을 확장하거나 기술중심의 성장을 추구할 경우에는 더욱 그렇습니다. 왜냐하면 내부 구성원들이 가진 해당 시장과 기술에 대해 축적된 직접적인 지식과 경험, 정보가 가장 세밀하고 실제적이기 때문입니다."

통찰력은 해당 분야에 대한 지식과 경험, 정보의 다양성과 깊이에서 나온다. 그런데 많은 경우 일반적인 이론과 논리로, 투박하게 들릴 수 있는 '기업 내부 전문가들의 통찰력'을 판정하고 사업전략을 주도하기도 한다. 이것은 위험한 일이다. 물론 모든 개개인의 통찰력에는 다양성의 한계가 있기 때문에 외부 컨설턴트들의 의견을 반영하는 것은 필요한 일이다. 하지만 해당 분야에 오랜 시간 동안 축적된 생각과 경험을 가지고 있는 내부 전문가들의 직관에 더 귀를 기울이는 것이 바람직하다.

한실장은 빔 프로젝트의 슬라이드를 보면서 나머지 PMI 영역들에 대한 설명을 계속했다.

"이외 핵심 역량과 인력, 조직구조 및 인력운영, 운영시스템, 기업문화 등과 같은 영역들은 '비전과 사업전략'을 실제 실행하거나 지원하기 위한 요소들입니다.

따라서 이러한 영역들은 '비전과 사업전략'의 성공적 구현을 위해서 통합적인 관점에서 PMI추진 과제들이 도출되어야 하며, 시급성과 중요성에 따라 도출된 과제들에 대한 추진 우선순위가 설정될 것입니다. 이러한 우선순위에 따라 각 과제들에 대한 현상을 파악하고, 개선 모습을 설계해야 합니다.

그리고 우리(A사)가 가진 것들 중에서 괜찮은 제도나 시스템, 문화를 무조건 이식해야 한다라는 생각은 바람직하지 않습니다. 인수 기업이 피인수 기업의 시스템이나 문화보다 더 우수하다거나 더 적합하다는 가정은 근거없는 우월의식일 뿐입니다.

따라서 이러한 PMI 과제들을 도출할 때 양사의 베스트 프랙티스를 공유하고, PMI멤버들 간에 건설적인 토론과 합의과정을 통해 결정하는 것이 바람직합니다."

사실 이러한 PMI 영역들 간의 통합성을 유지하면서 PMI 과제들 하나하나를 제대로 설계하고 구현하는 것은 쉽지않는 '전문가의 영역'이다. 한실장은 이런 전문 역량을 PMI멤버들이 가지고 있지 않다는 것을 잘 알고 있다.

그래서 과거 다른 프로젝트들처럼 이번에도 한실장의 가이드가 필요할 것이고, 멤버들에게는 이런 기회가 교육훈련 차원에서 좋은 경험이 될 것이다.

한실장은 문득 이런 의문이 들었다. '최근에는 과거보다 왜 이런 '통합 전문가(아키텍트)'를 발견하기가 더 어려운 것인가?'

요즘은 과거보다 업무가 더 세분되고, 단기적 가시적 성과가 더 강조되면서 생존경쟁이 더 치열해지는 분위기이다. 그러다 보니 근원적이면서 다양하고 통합적인 지식과 경험을 가진 아키텍트들이 탄생하기가 더 어려운 환경이 되었다. 이러한 생태계는 분야별 숙련가들을 길러내는 데는 유리할지 모르지만, 경영전문가를 육성하는데는 한계가 있을 것이라는 생각이 들었다.

"이렇게 PMI 과제들을 도출, 설계하는 과정까지가 통합 PMI추진팀의 역할입니다. 이후에는 철저한 실행을 위해서 B사 중심으로 PMI 과제 실행팀이 다시 구성되어 운영될 것입니다"

　　이제 마지막 슬라이드를 클릭하면서 추진일정에 대한 설명을 시작하려고 하는데, 멤버들은 이미 별도로 배포된 '추진 계획표$_{work\ plan}$'를 보고 있었다.

　　"이제까지 설명한 PMI추진 프로세스에 따라 구체적인 활동내용들을 정리한 것이 바로 추진 계획표입니다. 이 추진 계획표에는 PMI팀에서 해야 할 일을 PMI추진 단계별로 무엇을, 누가, 언제까지 해야 할지에 대해 자세하게 정리되어 있습니다.

　　계획서의 내용들은 앞으로 PMI 활동을 진행하면서 지속적으로 업데이트 될 것입니다. 지금은 PMI 활동내용을 전체적으로 이해하는 측면에서 개략적으로 훑어 보시길 바랍니다.

　　그리고 통합 PMI팀이 구성되면 추진 계획표의 내용에 대해 다시 한번 자세하게 설명할 생각입니다."

PMI 추진계획표(내용 중 일부)						
Phase	Step	Category	Activity	End Product	담당	완료일
Phase 3 PMI영역별 이슈 파악 및 실행과 제 도출	Step 1. 이슈파악	① 조직구조 및 인력운영	• 현재 HR제도 현황 파악 　– 직위/인사평가/승진 체계 　– 임금기준/보상(B) 체계 • 현재 조직/인력 구조 현황 파악 　– 사업(장)별 조직/인력 구조 • 현황내용 토의 및 이슈 도출 　– 성장과 연계된 조직/인력의 적절성	– 현재 HR제도 현황 정리 – 현재 HR제도 현황 정리 – 조직인력관련 이슈도출	XXX	XXX
		② 기업문화	• B사 기업문화 파악 　– 사업(장)별 조직문화 유형파악 　　(ex. 설문, 인터뷰) 　– 강점문화 및 강화필요 문화 파악	– 강점문화 및 강화필요 문화	XXX	XXX
		③ 운영시스템	• 마케팅/판매, R&D, 생산 시스템/인 프라 현황파악 　– 브랜드, 역량개발 IT, 시스템/인프라 • 회계/자금관리 시스템/인프라 현황 파악 　– 예산/손익/자산/자금관리 • 기능/사업장 협업 시스템/인프라 현황파악 　– 마케팅/판매 vs RD vs 생산간	– MRP 시스템/인프라 현황 – 회계/자금 시스템/인프라 현황 – 협업/통합 시스템/인프라 현황	XXX	XXX

			협업 －기술간, 산업간 융합 •현황내용 토의 및 이슈 도출 －성장과 연계된 경영시스템/인 프라 적정성	－주요 운영시스템 관련 이슈도출		
	④ 리스크 관리	•법적리스크 현황 파악 －주총/이사회/계약관리/사내하 도급 등 •안전/환경 리스크 현황 파악 －사업장별 리스크 •기타 리스크 도출 및 현황 파악 －Biz/재무/신용/법적/안전/환경 •현황내용 토의 및 이슈 도출 －예상 리스크내용 토의 및 이슈 도출	－법적 리스크 현황파악 －안전/환경 리스크 현황파악 －추가발굴 리스크 현황파악 －커뮤니케이션 관련 이수도출	XXX	XXX

사람들은 자신과 관련된 일이 앞으로 어떻게 될 것인지를 예측하지 못할 때 불안을 느끼며 수동적인 태도를 가진다. 반면에 해야 할 일과 기한이 명확하게 제시되면 이를 달성하려는 욕구와 책임감을 느낀다. 이런 측면에서 프로젝트 시작단계에서 '추진계획표'를 자세하고 작성하고 합의를 하는 과정을 거치는 것은 중요하다.

또한 이 계획표는 PMI멤버들과의 중요한 커뮤니케이션 도구이다. 이를 통해 해야 할 일, 그리고 일의 순서와 기한을 협의하고 약속하는 것이기 때문에, 항상 계획표를 근거로 커뮤니케이션을 하도록 해야 한다. 그래야 커뮤니케이션 비용과 불필요한 갈등을 줄일 수 있다.

마지막 페이지 설명을 마치고 나니 벌써 밖은 어두워지고 있었다. 기온은 약간 쌀쌀했지만 단풍 색깔은 말할 수 없이 화려했다. 한실장은 단풍과 어둑해져가는 먼 산과 하늘을 보고 있었다.

내일은 아침 늦게 식사 후 산행을 하고 헤어지는 일정이다. 그래서 오늘은 부담없이 한잔하면서 공식적인 자리에서 하지 못한 이런저런 이야기를 나눌 수 있을 것이다. 뒤풀이는 각자가 알고 있는 정보들과 생각, 느낌들을 소란스럽게 공유하면서 서로의 의지를 다지는 의식ritual을 치르는 시간이기도 하다.

양사 간 통합 PMI추진 조직 구성과 운영

Ⅰ. 피인수 기업의 PMI에 대한 기대와 신뢰는 첫 만남에서 결정된다.

오늘 한실장은 처음으로 B사를 방문하는 날이다. 그동안 몇 번 전화로만 이야기를 나누었던 관리총괄인 박본부장을 만나고 사장님께 인사를 드리기로 했다.

업무내용 및 조직 위치를 볼 때 박본부장이 B사의 PMI리더가 될 가능성이 높기 때문에 첫인상이 궁금하기도 하고, 기대가 되기도 했다.

이번 방문목적은 PMI추진 계획에 대해 간단하게 설명하고 B사의 PMI멤버 선정을 요청하기 위한 것인데, 아마도 서로 알고 싶은 것들이 많을 것이다. 대화를 나누다 보면 계획된 3시간은 넘게 걸리지 않을까 싶다. 그리고 끝나고 난 뒤 같이 저녁식사를 하기로 했다.

인간은 지극히 감정적인 생명체이다. 이성은 단지 결정된 감정을 뒤쫓아 갈 뿐이다. 그리고 첫만남에서 상대에 대한 전체적인 느낌과 감정이 상당부분 결정된다.

어느 한 화장품 회사의 조사결과에 따르면 상대방의 첫 인상을 결정짓는 시간이 미국인들은 15초, 일본인들은 6초, 한국인들은 단 3초에 불과하다고 한다.

그리고 후광효과halo effect라는 용어가 있다. '한가지를 강하게 인지하면, 이를 바탕으로 인지하지 않은 모습까지 추론하는 현상'을 말한다. 또한 먼저 제시된 정보가 나중 정보보다 더 강력한 영향을 미친다는 '초두효과primacy effect'라는 심리현상이 있듯이 첫 인상이 매우 중요하다.

'메르비안의 법칙'에 따르면 이미지를 형성하는데 있어서 표정, 용모, 복장, 자세 등 시각적 요소가 55%, 음성, 억양, 말씨 등 청각적 요소가 38%를 차지하며, 말의 내용은 7%에 불과하다고 한다. 물론 이 3요소가 긍정적 조화를 이룬다면 그 효과는 극대화 될 것이다.

이번 첫 만남에서 B사의 사장과 박본부장, 그리고 몇몇 임원들에게 '신뢰할 수 있는 이미지'를 심어주는 것은 앞으로 성공적인 PMI의 첫 단추를 꿰는 매우 중요한 일이다.

같이 가기로 한 A사 PMI리더 안팀장은 M&A 활동에 참여하면서 B사의 박본부장을 포함한 몇몇 임원들과 스쳐 지나간 안면이 있다고 한다. 어쨌든 첫 이미지의 중요성에 대해 몇 번이고 강조를 해 두었다.

한실장은 회사소개 자료와 PMI 프로세스와 일정, PMI 조직구성안, 그리고 먼저 해야 할 사항을 정리한 노트북을 가지고 지하 주차장에 있는 차로 갔다. B사의 본사까지는 1시간 30분 정도 걸린다. 새로운 사람을 만난다는 것은 궁금하지만 항상 긴장되는 일이다.

차 밖을 보니 벌써 나무에 있는 잎들보다 낙엽이 더 많아져 버린 늦가을이다. 한실장이 일년 중에 가장 좋아하는 계절이다. 아마도 너무 덥지도 춥지도 않고, 사람들의 부대낌에서 벗어난 약간의 쓸쓸함이 있기 때문일 것이다.

B사의 본사에 도착해서 옷 매무새와 머리를 만지고 안내를 받아 사무실로 들어가니 박본부장이 반갑게 웃으면서 맞이 해 준다. 합리적이면서 온화한 인상이다. 다행이라는 생각이 들었다. 냉소적이고 투박한 사람을 파트너로 만나는 것은 머리가 아픈 일이다.

어떤 최악의 경우에는 PMI멤버가 확정되기 전에 가능한 한 빨리 파트너를

변경하는 것이 PMI 과정 내내 고생하면서 만족스럽지 못한 결과를 만드는 것
보다 낫다. 특히 실행단계에서 문제가 생길 소지가 많다. 그래서 멤버선정 관
련해서는 세밀히 검증하되, 문제가 심각하다고 판단되는 경우 적기에 냉정하게
교체해야 한다.

서로 명함을 주고 받으면서 악수를 한 후 회의실로 들어갔다. 이런저런 주
변 이야기와 덕담을 나누면서 한 가족이 된 것에 감사하다는 의례적인 인사도
건넸다. 어느정도 분위기가 만들어진 뒤 본론으로 들어가기 위해 빔프로젝트를
켰다. 오늘 어젠더에 대해서는 이미 메일로 통지했었지만 간단하게 다시 언급
했다.

그리고 난 뒤 한실장은 A사에 대한 간략한 소개를 하고, PMI프로세스와
개략적인 추진일정에 대해 설명했다. PMI프로세스에 대해 많은 질문이 있었고,
한실장은 가능한 한 자세하게 답변을 하려고 노력했다. 박본부장이 PMI의 중
요성과 활동내용을 제대로 이해해야 오늘 방문목적인 B사의 PMI 조직 멤버들
을 제대로 선정할 수 있기 때문이었다.

회의가 끝난 후 박본부장은 사장 비서에게 전화를 걸어 지금 시간이 가능
한지를 확인하고, 사장실로 3명이 같이 출발했다.

사장실로 들어가니 인상 좋은 노신사가 반갑게 맞이해 주었다. 온화한 듯
보이지만 B사를 국내시장 점유율 1위 업체로 만든 백전노장이다. 이 분야에서
는 최고의 전문가이고 직원들에게도 상당한 신뢰와 존경을 받고 있다. 그리고
임원들과는 창립 때부터 쌓아온 가족과 같은 관계를 유지하고 있는데, 이러한
가족적 분위기는 기업문화 형성에도 그대로 반영이 되어있다.

이런 여러 가지 이유들로 M&A 계약조건에 사장을 포함한 임원들을 적어
도 2년간 유임하는 것으로 되어있다.

한실장과 안팀장은 최선의 예의를 갖추어 인사를 하고 테이블에 앉았다.
커피를 마시면서 박본부장이 오늘 방문목적을 간단하게 설명하고, PMI추진 계
획과 멤버 선정에 대해서도 짧게 보고했다. 한실장도 부연설명을 하면서 PMI

멤버 선정의 중요성에 대한 의견을 전달했다.

사장은 PMI프로젝트의 경험이 인력육성에도 큰 도움이 되니 각 영역별 최고의 멤버를 선정하라고 박본부장에게 지시하였다. 예의상 하는 지시일지 모르겠지만, 전반적으로 느낌이 괜찮다라는 생각을 했다.

짧은 인사 시간을 끝내고 밖으로 나온 세 사람은 다시 회의실로 돌아와서 간단하게 회의결과를 정리~wrap-up~하였고, 한실장은 오늘 여러 가지로 감사하다라는 인사를 건넸다. 이제 처음 만날 때 보다 훨씬 더 가까워지고 편안해진 느낌이다.

같이 저녁식사와 반주를 하면서 이번 M&A에 대해 B사 내부에서 오고 가는 여러 가지 이야기들과 속내도 들을 수 있었다.

기본적으로 이번 M&A의 이유에 대해 B사의 구성원들은 이해를 하지 못하고 있다고 한다. 충분히 그럴 수 있다고 생각했다. 국내 시장 점유율 1위, 약 20%의 영업이익률이 되는 회사를 매각한다는 것이 과연 이해가 될 수 있겠는가? 그리고 그동안 가족과 같은 '종신고용' 분위기에서 오너가 바뀌는 현재의 상황에 대해, 특히 임원들이 상당히 동요하고 불안해 하는 것은 당연할 것이다.

반면에 마음 한편으로는 향후 적극적인 투자와 성장에 대한 기대도 있다고 한다. 최근 몇 년간 성장의 한계를 느끼고 있어서 뭔가 돌파구를 찾고자 하는 열망도 분명히 있을 것이라고 생각했다.

B사의 성장을 위해 '최선을 다하겠다'라는 약간 취기있는 다짐을 박본부장에게 건네고 자리를 마쳤다.

II. 통합 PMI추진 조직을 가능한 빨리 화학적 원팀one team으로 만들어라

방문 일주일이 지난 후 박본부장으로부터 메일이 도착했다. PMI멤버 명단이다. 예상대로 박본부장이 B사의 PMI 리더이고, 요청한 각 기능조직의 팀장들과 팀원이 멤버로 선정되었다.

이제 공식적으로 통합 PMI추진 조직이 구성되었고, 본격적으로 시동을 걸 수 있게 되었다. PMI 조직의 출범이 공식적으로 선언되면, B사 리더·구성원들의 기대와 긴장이 풀어지기 전에 가능하다면 빨리 출발해야 한다. 그리고 PMI 활동이 목적한 방향대로 차근차근 움직이고 있다는 것을 보여주어야 한다. 이를 위해서는 무엇보다도 먼저 통합 PMI추진 멤버들이 화학적으로 결합되어야 한다.

통합 PMI 활동의 기본 방향은 양사가 가진 지식과 경험의 공유와 토론을 통하여 최선의 사업전략과 운영시스템, 조직문화를 만들고 리스크를 최소화 시키는 것이다. 그리고 또한 PMI 활동의 가치에 중요하게 영향을 미치는 주변평가의 출처가 PMI멤버들이다.

이러한 이유들로 양사의 멤버들이 감정적·이성적으로 화학적 결합을 하는 것은 프로젝트의 성공에 있어 필수적이다.

화학적 결합은 서로에 대한 신뢰에서 나오며, 신뢰는 추진 목표와 방향, 방식에 대한 공감에서 나온다. 그래서 PMI초기 가능한 한 빨리 이를 세팅하는 것은 조기에 양사 멤버들 간 화학적 결합을 하는데 있어서 매우 중요하다.

한실장은 박본부장에게 전화를 걸었다. B사 PMI리더로 선정된 것을 환영한다라는 친근한 인사와 함께 우선적으로 해야할 일에 대해 구체적인 이야기를 하였다. 물론 이 이야기에 대해서는 이미 안팀장과 사전 협의를 했다.

가능한 한 빠른 시기에 해야 할 일이 두 가지가 있는데, 먼저 양사의 운영위원회 임원들을 대상으로 PMI추진 방향과 계획에 대해 약 2시간 정도 설명회를 실시하는 것과 통합 PMI추진팀의 1박 2일 워크숍을 진행하자는 것이었다.

그리고 며칠 전에 언론에서도 이번 M&A에 대한 보도가 있었기 때문에 주요 고객들과 구성원들을 대상으로 M&A의 배경과 목적에 대해 공식적인 커뮤니케이션의 필요성에 대한 제안을 했다.

주요 고객들에게 이번 M&A라는 기회를 통해 더 나은 제품과 서비스를 제공하겠다라는 다짐을 전달하는 것은 당연한 비즈니스 매너이다. 그리고 구성원들에게는 회사와 개인의 미래 성장을 위해 이번 M&A는 불가피한 선택이었음을 설득할 필요가 있다.

며칠 후에 박본부장으로부터 연락이 왔다. 구성원에 대한 커뮤니케이션은 제안대로 진행하겠다고 했다. 그리고 고객들에 대한 커뮤니케이션은 실무선에서는 이미 구두와 이메일로 완료하였으며, 고객들에게는 A사 사장 이름으로 레터를 보내는 것이 좋겠다는 의견이었다. 또한 분위기를 보고 양사 사장이 주요 고객들을 방문하는 것도 필요하지 않겠느냐 라는 생각이었다. 일리 있는 이야기다.

그리고 덧붙여서 가능한 설명회 및 워크숍 일정 몇 개를 알려주었다.

운영위원회 임원들에 대한 PMI 설명회는 통합 PMI추진팀 워크숍에 앞서 전체적인 PMI추진 일정과 방법에 대해 사전 보고를 하는 자리이다. 보고 내용은 워크숍에서 설명할 주제와 크게 다를 바가 없으며, 요점을 설명하는 정도가 될 것이다.

이번 1박 2일 동안 진행될 통합 PMI추진팀 워크숍의 목적은 멤버들 간에 PMI의 비전과 목표를 공유하고, 주요 이슈들을 도출하는 것이다.

이슈들을 도출하는 토의과정에서 양사에 대한 이해도를 높이게 될 것이고, 도출된 이슈들은 워크숍 후 바로 진행될 B사 리더들의 개별 인터뷰를 설계하고 진행하는데 기본정보로 활용될 것이다.

어쨌든 결과적으로 1박 2일간 같이 하는 시간들을 통해 PMI 활동에 대해 이성적·감정적으로 소명의식을 갖게 하고, 멤버들 간에 신뢰를 가질 수 있도록 분위기를 만들어야 한다. 그래서 워크숍의 시작부터 끝날 때까지 섬세한 준비가 필요한 것이다.

한실장에게 행사 장소와 음식은 성공적인 프로젝트 추진에 있어 매우 중요한 요소이다. 주위 사람들이 보기에는 이런 사소한 것들에 과도하게 신경을 쓴다고 생각할지 모르겠지만, 한실장은 워크숍 장소, 숙소, 식사 장소와 메뉴가 워크숍 분위기를 좋게 만드는데 얼마나 중요한 역할을 하는지 잘 알고 있다.

사람들은 '어떤 장소에서 어떤 일'이 있었는지를 기억에 저장하는데, '기억'은 '감정으로 범벅이 된 사건'들로 구성되어 있다. 이러한 '감정'에 중요하게 영향을 미치는 것이 맥락에 맞는 좋은 '장소'와 '음식'이다. 그래서 워크숍에서 발표할 내용만큼이나 중요하게 다루어야 한다.

워크숍을 준비하느라 정신없는 시간이 흘러갔다. 드디어 오늘 양사의 PMI 추진팀 멤버들이 첫 대면을 하는 날이다. 관련 양사 임원들은 워크숍 첫 날 오후 5시경부터 참석하고 저녁식사를 같이 하기로 되어 있다.

첫 날에는 늦어도 오전 8시 30분까지 워크숍 장소에 도착해서 자리 배치와 간단한 식사, 음료, 다과 등이 잘 준비가 되었는지를 최종 체크해야 한다.

9시가 조금 지나자 멤버들이 도착하기 시작했다. 교육장에 들어 오면서 양사 멤버들 간에 서로 어색하게 인사를 하면서 지정된 자리에 가져온 가방을 놓는다. 그리고 준비한 샌드위치와 음료들을 들고 같은 회사 멤버들끼리 약간 들뜬 인사를 나누는 모습도 보인다.

드디어 시작시간이 되었다. 한실장은 간단하게 본인 소개를 하고, 준비한 자료의 첫 슬라이드를 띄우면서 오늘 일정을 간략하게 소개했다.

09:20	도착 및 Tea Time	
09:30		
	Ice breaking(자기 소개) & Introduction	• Workshop 일정 소개 • 통합 PMI 조직도 설명 및 자기소개 • PMI 운영 배경/목적 설명
10:30		
11:00	양사 소개	회사 연혁/사업/문화 소개
	생각의 도구 Out-of-Box Idea Generation	통상적 패턴을 벗어나 다양한 관점에서의 New Idea Generation 방법론 소개
12:00		
	Lunch	
13:30		
	PMI 6영역 설명 및 추진계획 수립 - PMI 6영역의 기본개념 이해 - 실사(D/D)결과 공유 및 이슈 도출/평가 - PMI Workplan 초안 검토/합의	• 6영역별 실사 결과 공유 • 토론을 통한 PMI 이슈 도출 및 중요도 우선순위 평가 • PMI 추진계획서 검토 및 조정(1차 확정)
16:30		
	PMI추진에 대한 열망 & 규칙 토의/설정	PMI 활동을 통해 이루고 싶은 것과 성공적인 PMI 운영을 위해 필요한 규칙을 설정(통합 PMI팀 네이밍 포함)
17:30		
	Closing Comment 및 기념촬영	B사 대표 당부말씀
18:00		
	저녁식사 & 네트워킹(B사 CEO 및 양사 PMI 운영위원회 멤버 참석)	

"…(중략) 양사의 임원분들은 개략 5시경에 도착하시기로 되어있고, 끝나고 난 뒤 식사에 같이 참석하실 예정입니다.

그리고 내일은 특별한 일정없이 산행과 점심식사를 하고 난 뒤 헤어지는 일정이기 때문에 오늘 저녁시간은 부담없이 즐겁게 보내시길 바랍니다."

오전 세션은 양사 멤버들 간에 친밀도를 높이고, 기존의 틀에서 벗어나 좀 더 혁신적인 생각과 행동의 방식과 변화의 메시지를 전달하는 시간이다.

먼저 첫 대면의 워크숍을 시작하기 전에 긴장 이완과 서로에 대한 이해도를 높이기 위해 각자 자기소개를 하고 난 뒤, 한실장이 PMI의 중요성과 성공 요소에 대한 설명을 이어갔다. 그리고 난 뒤 A, B사의 실무리더인 안팀장과 박본부장이 나와서 자사의 연혁과 사업구조, 기업문화에 대한 발표를 했다.

그리고 오전 세션의 마지막 순서로, 기존의 사고 패턴과 관성에서 벗어나 새로운 아이디어를 자극할 수 있는 사고법에 대해서 한실장이 간략하게 소개했다. 이 내용에는 PMI추진 과정에서 자신의 생각과 주장에 너무 빠지지 말고, 다른 사람들의 의견에 귀를 기울이면서 토론을 통해 아이디어를 도출하는 것이 더 효과적이라는 메시지를 담고 있다. 향후 진행과정에서 PMI멤버들 간에 지켜야 할 커뮤니케이션의 기본원칙에 대해 우회적으로 제시한 것이다.

오후 세션은 향후 진행될 PMI프로세스와 일정을 협의하고, 현재 B사가 가지고 있는 주요 이슈들을 도출하는데 초점이 맞추어져 있다.

물론 짧은 시간에 이러한 주제들을 충분하게 다룰 수는 없을 것이다. 하지만 이를 기반으로 PMI 활동의 출발을 위한 기본적인 틀과 내용은 갖추게 될 것이고, 향후 본격적인 진행단계에서 지속적인 업데이트가 이루어질 것이다.

먼저 한실장이 PMI추진 6영역과 프로세스에 대한 기본개념을 설명하고, M&A에 참여했던 A사의 안팀장이 각 영역별로 M&A 계약체결 전에 진행했던 실사due diligence 결과를 발표하였다. 발표 도중에 잘못 이해하고 있거나 부족한 정보에 대해서는 B사의 멤버들이 내용을 수정해 주거나 보완설명을 하기도 했다. 이러한 시간을 통해 A사 멤버들은 B사의 현황에 대한 이해도를 더 높일 수 있었다.

그리고 이러한 실사 결과를 바탕으로 진행된 토론을 통해서 현재 B사가 가진 이슈들을 도출하였고, 도출된 이슈들은 중요도와 시급도를 기준으로 실행의 우선순위를 평가해 보기도 했다. 물론 이러한 이슈들은 아직 가설단계에 있는 것들이지만, 워크숍 후 바로 진행될 B사 리더들에 대한 개별 인터뷰를 통해 좀더 명확화·구체화될 것이다. 오늘은 가능한 한 많은 이슈들을 도출하고 이에 대한 이런저런 이야기를 들어보는 것이 중요하다.

마지막으로 양사로 이루어진 PMI추진팀을 화학적 원팀으로 만들기 위해서 양사 PMI추진 TFT의 명칭을 정하고, 이번 PMI 활동을 통해 이루고 싶은 것aspiration과 모두가 준수해야 할 규칙norms을 정했다.

PMI 출발 시점에 멤버들 모두가 참여하여 이런 것들을 정하는 것은 PMI 활동에 대한 멤버들의 소명의식과 자부심을 높이고, 사고와 행동의 방향을 통일하는 중요한 일이다. 물론 앞으로 PMI를 추진하는 과정에서도 이런 것들을 강화하기 위한 다양한 노력들이 계속 이루어져야 할 것이다.

팀 명칭은 업무의 방향과 속성을 나타내는 것이기 때문에 중요한데, 여러 가지 아이디어들 중에서 투표를 통해 'PMI비전 TFT'로 최종 확정하였다. '비전'

은 양사에 모두 의미있는 단어이고, 부르기도 편해서 잘 정해진 것 같다고 한 실장은 생각했다. 이제 양사 통합 PMI추진팀의 공식적 이름은 'PMI비전 TFT'로 정해졌다.

B사의 CEO와 PMI 운영위원회 임원들도 5시쯤에 도착을 했다. 한실장은 마지막 세션을 마치고 급히 대기실로 가서 오늘 워크숍의 내용과 팀 명칭에 대해서 간단하게 설명을 한 후 교육장으로 안내를 했다.

교육장에 들어오면서 자연스럽게 서로 간에 격려와 환영 인사가 오고 갔다. CEO와 임원들이 정해진 자리에 앉고 분위기가 안정되자 한실장은 오늘 워크숍 일정과 결과를 간단하게 요약한 뒤 마지막으로 B사 CEO의 격려인사 순서를 소개했다.

CEO는 5분이 약간 넘게 이번 M&A의 배경과 PMI의 중요성에 대해 언급을 하면서 열정과 소명의식을 가지고 활동을 해 줄 것을 당부했다.

이제 마지막으로 기념촬영이 끝나면 예약된 만찬 장소로 출발할 것이다.

만찬은 공식적인 워크숍의 연장선상에서 이루어지는 비공식적 세션이다. 만찬장에서는 교육장에서 하지 못했던 첫 만남에 대한 소감들과 다른 많은 이야기들이 양사 간의 멤버들 간에 오고 갈 것이다. 어떻게 보면 이때 오가는 이야기들이 더 진실되고 중요한 내용일 수도 있다.

술은 이성과 경계심을 무너뜨리기 때문에 공식적인 자리에서 할 수 없었던 솔직한 이야기들을 들을 수 있게 한다. 물론 때로는 솔직함이 위장되거나 과도한 감정이 표현되기도 하지만 말이다. 어쨌든 이런 시간을 통해 서로들 간의 감정적 관계는 조금 더 가까워질 것이다. 한실장도 자리를 옮겨 다니면서 이야기를 나누고 PMI비전팀의 성공을 독려했다.

소란한 분위기에서 순서에 따라 중간중간에 진행된 건배사가 끝난 것은 거의 11시경이었다. 이제 임원들은 돌아가고 남은 멤버들은 맥주 한잔을 더하기 위해 자연스럽게 몇 개의 그룹으로 나뉘어졌다.

날씨가 꽤 추워졌다. 연수원이 시외의 산 근처에 있어서 그런지 초겨울 같은 느낌이 든다. 차가운 바람 때문인지 길 위에는 제법 많은 낙엽들이 굴러 다닌다. 희미한 달빛과 취기가 어울려서 낭만적인 감정을 자아낸다.

어깨를 움츠리면서 숙소로 가는 한실장의 마음은 바다 위에 선 서퍼가 처음의 파도를 무사히 넘은 것 같은 안도감을 느꼈다. '워크숍이 성공적으로 잘 끝나서 다행이다.' 한실장은 가슴을 펴고 찬 공기를 크게 들이 마시고 천천히 숙소로 걸어갔다.

화학적 원팀을 위한 노력은 지속적으로 해야 한다. PMI추진 일정과 실적, 성과를 공유함으로써 목표를 향해 지금 우리가 어디로 가고 있는지, 그리고 어디로 갈 것인지를 PMI멤버들 모두가 알 수 있게 해야 한다. 또한 주요 사항에 대해서는 모두 참여하는 토론을 통해 의사결정이 이루어지도록 해야 한다.

그래야 개인의 역할과 공헌에 대한 자부심을 가질 수 있으며, 서로를 신뢰하고 자유롭게 이야기를 나눌 수 있다. 이러한 시간들이 많아질수록 원팀이 되는 화학적 반응은 더욱 강해질 것이다.

Ⅲ. 양사 경영층, 핵심인력들과의 솔직한 커뮤니케이션은 말할 수 없이 중요하다.

과거 한실장은 해외 사업장에서 주재원들과 현지인들 간에 심각한 커뮤니케이션 문제를 경험한 적이 있다.

사업 초기에 언어적 장벽과 문화적 차이 때문에 주재원들은 현지인들과 협업하는 것을 힘들어 했다. 그리고 본사로부터 성과에 대한 압력 때문에 빨리 가시적 성과를 내야 하는데, 시스템과 규정을 중요시하는 현지인들과 속도를 맞춘다는 것은 어려운 일이었다.

결국 주재원들끼리 협의하여 결정하고, 한국 본사의 도움을 받아 밀어 부치는 방식으로 일이 진행되었다.

하지만 공장장과 판매팀장, 그리고 실무를 담당하는 영업사원, 엔지니어와

오퍼레이터 들은 현지인들이었기 때문에 그들의 적극적 참여 없이는 제대로 실행될 수가 없었다.

현지인들은 주재원들의 일방적인 업무방식에 대해 이해할 수 없었고, 서로간의 갈등이 오랫동안 지속됨에 따라 사업 안정화까지 꽤 긴 시간이 걸렸다.

오랜 시간이 흐른 후 한실장은 그 당시의 주재원들과 인터뷰를 할 기회를 가졌는데, 공통적인 아쉬움이 '현지인들과의 커뮤니케이션 방식'에 대한 뼈아픈 후회였다.

일방적인 커뮤니케이션은 상대방의 마음을 얻는데도 도움이 되지 않을뿐만 아니라 언젠가는 심각한 복병을 만든다. 그리고 커뮤니케이션에 불만이 있으면 어떤 과정과 결과도 긍정적으로 받아들이지 않고 겉으로 드러나지 않는 저항과 반대를 한다.

커뮤니케이션에 대한 불만은 주로 나의 생각을 상대방이 듣지 않거나 정보가 불충분한데서 발생하는 느낌과 감정의 문제이다.

B사 리더·구성원들의 심리는 미래의 불확실성에 대해 불안하고 예민한 상태에 있기 때문에, 일방적이고 내용이 미흡한 커뮤니케이션은 불안과 불만을 가중시킨다. 특히 경영진들은 B사에 남아 있는 것보다 더 나은 대안을 가지고 있지 않는 한, 불안하고 예민한 심리상태에 있을 수밖에 없기 때문에 충분하고 솔직한 커뮤니케이션이 필요하다.

다시 근원적인 생각으로 돌아가 보자. 과연 PMI 커뮤니케이션의 목적은 무엇인가?

그것은 B사 리더와 구성원들의 생각에 충분히 귀를 기울여 그들의 아이디어를 실제 활동에 반영하려 노력하고, 추진 방향과 진행과정에 대한 정보전달로 PMI 활동에 대한 공감대를 형성하는 것이다. 또한 향후 추진 방향에 대한 기대와 예측을 가능하게 하여 관심과 참여의식을 높이는데 있을 것이다.

물론 무조건 밝고 장밋빛 그림을 가지고 막연한 기대감만 높여 주어서는 안된다. 성공적인 PMI추진을 위해 앞으로 극복해야 할 어려운 과정에 대해서도 예상할 수 있도록 해야 한다.

즉 PMI 커뮤니케이션은 미래에 대한 기대감을 심어주되 과정의 어려움을 기꺼이 감내할 수 있는 심리적 상태가 될 수 있도록 설득하는 것이어야 한다.

그리고 한실장은 그동안의 오랜 경험에 의한 한가지 믿음이 있다. 그것은 해당 산업분야에서 오랫동안 치열하게 축적된 지식과 경험은 충분히 존중될 가치가 있다는 생각이다.

많은 문제들의 경우, 권력을 가진 소수 개인 혹은 집단이 가진 제한된 지식과 경험을 가지고, 다른 영역과 상황에 대입시켜 예측, 판단하는 데에서 발생한다. 이 말은 일반적인 경영이론이나 A사의 지식과 경험을 가지고 B사의 상황, 이슈에 대해 무조건 대입하는 '일반화의 오류'를 범해서는 안된다는 의미이다.

물론 B사의 리더·구성원들 또한 현상과 해결책에 대해 바라보는 관점의 다양성에는 한계가 있기 때문에 A사에서 다른 아이디어를 제안할 수 있다. 하지만 최종 판단은 가능한 한 B사에 맡기는 것이 좋다. 왜냐하면 그것은 확률적으로 B사의 축적된 지식과 경험에서 만들어진 통찰력이 옳을 가능성이 높기 때문이다.

그래서 B사에서 완강하게 반대하는 것은 하지 않는 것이 좋다. 해당 산업의 오랜 경험자들은 본능적으로 자기들에게 무엇이 필요하고 필요하지 않은지를 감각적으로 판단할 수 있는 직관력을 가지고 있다. 또한 A사에서 밀어부친 아이디어가 실효성이 없다고 판단되면, 보이지 않는 저항을 할 것이고 적극적인 참여도 하지 않을 것이다.

어쨌든 주요 이슈에 대해서는 B사와의 적극적인 쌍방향 커뮤니케이션을 통해 순리적으로 해결해야 한다.

PMI에 대한 관심은 이해관계자별로 강도와 내용이 다르므로, 커뮤니케이션 방식과 내용도 대상에 따라 달라져야 한다. 즉 커뮤니케이션 대상에도 세분화_segmentation_가 필요한 것이다. 한실장은 다음과 같이 커뮤니케이션 대상을 세분화하고 PMI 커뮤니케이션 주제와 주기를 정리했다. 물론 커뮤니케이션 계획은

M&A 유형과 목적, 피인수 기업의 사업 규모와 특성, 피인수 기업의 경영진 교체 여부, 노사관계 등에 따라 달라질 수 있을 것이다.

구분	내용	참석자	주기
B사 CEO	• 진행상황	• 한실장 • 비전팀 양사 리더	• 매주
A사 CEO	• 진행상황	• 한실장 • A사 운영위원회 임원 • 비전팀 A사 리더	• 매월 (운영위원회 보고 후)
PMI 운영위원회	• 진행상황 • 주요 의사결정 사항	• 한실장 • 비전팀 전체	• 매월 • 매주(진척도 메일링)
PMI비전 TFT (통합 PMI추진팀)	• 진행 실적 및 차주 계획 • 주요 진행사항 피드백 • 주요 이슈사항 토의	• 한실장 • 비전팀 멤버 전체	• 매주 • 매월(외부 워크숍) • 비정기(이슈 발생)
B사 임원	• 진행 상황 • 주요 이슈 상세	• 한실장 • 비전팀 양사 리더	• 매월
B사 팀장	• 진행 상황 • 주요 이슈 상세	• 한실장 • 비전팀 양사 리더	• 매월
B사 핵심인력 (핵심조직)	• 주요 진행사항 및 향후 계획 • 관련 이슈 상세	• 한실장 • 비전팀 양사 리더	• 1~2개월마다
B사 전 구성원	• 주요 진행사항 • 비전 및 성장전략	• 메일 송부 • 비전팀 B사 멤버 전체	• 매주 • PMI 계획 수립 후
B사 노조 집행부	• M&A 배경 및 목적 • 주요 진행사항	• 노조 담당조직 • 박본부장	• 박본부장과 협의하여 결정

한실장은 각 세분화된 대상별로 구체적인 커뮤니케이션 시나리오를 다음과 같이 개략적으로 스케치했다.

B사 CEO : 피인수 기업 CEO는 심리적으로 불안정한 위치에 있을 수밖에 없다. 혹시나 PMI 활동이 엉뚱한 방향으로 가지 않을까를 우려하는 것은 당연하다. 한실장 입장에서도 CEO와의 사전 보고나 조율없이 추진하였다가 한참 진행된 결과물에 반대한다면 참으로 난감한 일이다. 그래서 적어도 매주 정기적으로 방문하여 진행상황을 설명하고 피드백을 받는 것이 중요하다.

간혹 CEO를 설득해야 하는 상황도 생기지만, 큰 문제가 아닌 경우 CEO들은 대부분 PMI팀 의견을 받아들이기 때문에 진행상황을 솔직하게 보고하고 조율하는 것이 좋다.

특히 B사 CEO에게는 PMI 설계내용이 제대로 실행되기 위해서는 가능하다면 자주 커뮤니케이션을 해야 한다. CEO가 추진 방향과 과정, 결과에 대해 본인이 관여하지 않았거나 부정적이라면 아무리 설계를 멋있게 하여도 실행단계에서 제대로 작동이 안되기 때문이다.

물론 CEO의 생존과 업적에 확실한 징검다리가 된다는 확신을 가질 수 있도록 PMI 계획의 내용이 잘 설계되어야 하는 것은 필요조건이다.

그리고 보고 자리는 공식적인 딱딱한 방식보다는 자유롭게 이야기를 나눌 수 있는 분위기를 만드는 것이 중요한데, 필요하다면 한실장 혼자서 방문하는 것도 괜찮은 방법이다. 독대에서는 자연스럽게 좀더 깊고, 솔직한 대화가 이루어질 수도 있기 때문이다.

사실 솔직한 이야기는 두 명일 때 분위기가 더 잘 만들어진다. 물론 마주앉은 상대방이 '나에게 도움이 되는 사람'이라는 확신이 있어야 하는데, 이런 우호적인 관계형성을 위해서는 사전에 일정 시간과 노력이 필요하다.

이런 현상은 동서양에 공통적인 인간의 속성인 듯하다. 한실장이 과거 미국, 중국 프로젝트를 할 때도 평소 친분을 쌓았던 현지인 리더들과 단 둘이 있는 자리에서 그들이 가지고 있는 솔직한 생각들과 감정들을 낮은 목소리로 들을 수 있지 않았던가.

A사 CEO : A사 CEO는 계약체결 당시 기대했던 M&A 목적달성을 위한 가설이 어떻게 구현되고 있는지에 대한 관심이 많다. 이에 대한 진척 사항과 이슈에 대해서는 PMI 운영위원회 임원이나 PMI 모니터링 조직 등 다양한 경로로 보고가 될 것이다.

따라서 M&A의 규모나 중요도에 따라 다르겠지만 한실장이 직접 공식보고를 하는 주기는 한달 정도가 적절하다.

보고내용은 PMI 활동에 대한 전반적인 내용보다는 처음 M&A의 목적과 가설이 여전히 유효한지, 그리고 이를 달성하기 위해 어떤 활동이 이루어지고 있는지에 초점이 맞춰져야 할 것이다.

만약 계약체결 당시 M&A의 목적과 가설에 문제가 있다면, 이를 신속하고 솔직하게 보고하여야 하며 극복방안이나 대안도 함께 제시되어야 한다.

PMI 운영위원회 : 운영위원들은 PMI추진 과정에서 도출된 주요 이슈사항들에 대한 의사결정뿐만 아니라 각 소속사의 CEO를 포함한 경영진들에게 PMI 진행과정과 성과를 설명하고, 경우에 따라 설득을 담당하는 중요한 교량역할을 한다.

따라서 PMI를 성공적으로 추진하기 위해서는 운영위원들을 PMI비전팀의 든든한 후원자가 될 수 있도록 만들어야 한다. 이를 위해서는 그들에게 PMI 활동의 진척 사항과 향후 계획에 대한 정보가 충분히 전달되어야 할 것이다.

그래서 양사의 위원회 멤버들이 모두 참석하는 정기적인 보고자리뿐만 아니라 A사, B사 위원별로 따로 방문하여 개별적인 의견을 듣고, 필요시 사전조율을 하는 것이 바람직하다. 즉 PMI추진 방향에 대해 PMI비전팀의 생각과 운영위원들의 생각이 같을 수 있도록 지속적으로 튜닝을 하는 과정이 필요하다.

이런 목적에서 B사 CEO에게 매주 보고한 자료들도 즉시 메일 혹은 구두로 전달될 수 있도록 해야 하고, 가능하다면 비공식적 커뮤니케이션도 병행해야 한다.

PMI비전 TFT : 통합 PMI추진팀 멤버들은 현상데이터를 수집, 분석하고 개선 아이디어를 도출하는 실무자들이다. 또한 일상 생활에서 PMI 활동내용을 사내 구성원들에게 전파하는 비공식 홍보 채널이기도 하다.

그리고 실행단계에서는 설계된 PMI 과제들의 실행을 위한 변화관리자change agent 역할도 해야 하기 때문에 PMI 활동에 대한 자세한 이해와 믿음, 소명의식을 가질 수 있도록 해야 한다.

이를 위해서는 PMI 과제 도출 및 설계의 전 과정에 멤버들이 참여하여, 같이 토론하고 아이디어를 주고 받을 수 있는 체계와 분위기가 만들어져야 한다. 그리고 정보공유와 자유로운 토론이 필요한 주제에 대해서는 사외 워크숍을 통해 감성적 유대감을 강화하는 노력도 필요하다.

또한 양사 비전팀 실무리더들인 박본부장, 안팀장과는 수시로 진행상황을 공유하고 주요 사항에 대해서는 사전협의를 해야 한다. 이들 리더들은 PMI 설계 후에도 실행업무를 담당하거나 영향력을 행사할 업무를 담당할 가능성이 높기 때문에, PMI 설계과정과 내용에 대해 충분한 이해와 확신을 가질 수 있도록 해야 한다.

B사 임원과 팀장 : PMI 설계가 끝난 후 실행단계에서 B사 임원과 팀장들이 능동적으로 참여하지 않으면 실패할 가능성이 높다. 그래서 PMI 과제를 도출하고 설계하는 과정에서 추진방향과 진행상황에 대해 리더들의 의견을 경청하고, 공감대를 형성할 필요가 있다.

따라서 적어도 한달에 한번은 진행상황을 공유하고 관심있는 주요 이슈사항에 대해서는 상세하게 전달하고 토론하는 자리를 마련하는 것은 의미가 있다.

또한 주요 기능조직의 임원, 팀장에 대해서는 별도의 비공식적 커뮤니케이션을 하는 것이 바람직하다.

B사 핵심인력(핵심 기능조직) : PMI 활동 과정 중에 핵심인력들만을 대상으로 드러내 놓고 커뮤니케이션을 하는 것은 조직화합 측면에서 그리 바람직하지 못하다. 따라서 핵심인력들과 직접 커뮤니케이션을 하는 것은 가능한 한 우회적으로 하는 것이 좋다.

핵심인력들은 핵심기능들을 수행할 가능성이 높다. 따라서 핵심기능 조직을 대상으로 관련 이슈를 상세히 설명하고 질의응답을 하는 커뮤니케이션 방식이 더 적합하다. 그리고 설명내용에는 PMI 활동이 개인의 성장과 어떻게 관계가 있는지에 대한 내용을 포함하여 핵심인력들이 자신들의 성장 기회에 대한 기대를 가질 수 있도록 해야 한다.

B사 전 구성원 : 일반 구성원들에게 PMI 활동의 주요 마일스톤milestone 단계들에서 메일 등으로 진척사항을 알리는 것이 필요하다.

전 구성원과의 커뮤니케이션은 M&A후 PMI비전TFT에서 새로운 변화를 위한 준비를 체계적으로 있다는 것을 홍보함으로써, 기대를 갖게 하고 향후 실행단계에서 자연스러운 참여를 위한 마음의 준비를 갖게 하는데 의미가 있다.

그리고 비전과 비전달성을 위한 사업전략이 설계되면 전 구성원을 대상으로 비전과 성장전략을 공유하는 비전 선포식과 같은 행사가 필요하다. 이 행사는 '새로운 성장을 위해 과거와는 다른 방식의 변화가 일어날 것'이라는 기대를 갖게 하고, 실행과정에서의 적극적 참여에 대한 마음가짐을 세팅하는데 목적이 있다.

B사 노조집행부 : 마지막으로 노조집행부와의 커뮤니케이션이다. 노조집행부의 관심사는 조합원들 입장에서 어떤 것들이 나빠지고(인력 및 사업 구조조정 등) 어떤 것들이 좋아질 것인가(격려금, 복리후생 등)에 대한 것들이다. 이러한 이슈들에 대해 노조집행부와 언제, 어떤 방식으로 커뮤니케이션을 할 것인지에 대한 고민이 필요하다.

물론 커뮤니케이션을 하기 전에 기존의 노사관계나 노조 성향 등을 고려하여 바람직한 노사 포지셔닝에 대한 결정이 먼저 이루어져야 할 것이다.

그리고 무엇보다도 중요한 것은 커뮤니케이션 라인이다. 아무리 상황이 급해도 B사의 기존 커뮤니케이션 라인에 A사가 직접 개입하거나 개입할 수 있다는 메시지를 주는 것은 위험한 일이다. A사가 개입을 한다는 것은 기존의 커뮤니케이션 라인이 붕괴되고 협상의 대상이 A사로 바뀌는, 더 복잡한 상황을 만들 수 있다는 것을 의미하기 때문이다. 이것은 앞으로 노사 간의 관계를 더욱 어렵게 만들 수 있다.

따라서 노조집행부와의 커뮤니케이션은 철저하게 B사의 주관과 판단하게 진행하는 것이 바람직하다.

그리고 특히 동종 업종 간 M&A의 경우에는 구조조정에 대한 구성원들의 불안과 동요가 매우 크고, 핵심인력들의 이탈 가능성이 높다. 또한 노사 간의 갈등이 격화될 수도 있다. 이의 부작용을 방지하기 위해서 적절한 시기에 솔직하고 전략적인 커뮤니케이션이 필요하다. 만약 물리적 통폐합에 의한 시너지

성과가 PMI의 핵심목적이라면, 더욱 커뮤니케이션의 타이밍과 방식이 중요하다. 관련된 인수 및 합병 사례를 들어보자.

인수 사례 : 2005년에 독일의 아디다스는 글로벌 1위 나이키에 대항하기 위하여 당시 3위인 미국의 리복을 38억 달러에 인수하게 되었다. 성공적인 통합을 위하여 CEO편지, 주요 거점에서의 타운홀 미팅과 함께 150명의 주요 리더들에 대한 설문조사를 통해 구성원들의 우려 및 관심사항을 파악하고 조치하는 등 다양한 커뮤니케이션 전략을 채택하였다.

합병 사례 : 1995년 동종업체인 록히드와 마틴 마리에타가 합병할 당시 양사의 최고경영자들은 62번의 현장 미팅을 통해서 약 3만 명의 구성원들과 직접 대면하였고 다양한 질문에 답변하면서 핵심인력을 포함한 구성원들의 동요를 막았다.

PMI 영역별 이슈파악 및 실행과제 도출

I. PMI 6영역들의 기본개념에 대한 확실한 이해가 우선이다.

1, 2장에서는 본격적인 PMI추진을 위해서 추진 조직을 구성하고, 데이터 분석과 토론을 통해 가설을 수립하는 등 사전 준비작업을 진행했다.

제3장에서는 이러한 준비를 바탕으로 구체적인 현상과 이슈를 파악하고, M&A 목적을 달성하기 위한 실행과제를 도출하여 현상을 파악하고 해결방안을 설계하는 등 본격적인 활동이 시작된다.

현상과 이슈를 파악하고 실행과제를 도출한다는 것은 M&A의 단기적 성과 및 지속적 성장을 위한 혁신 방향과 대상을 정하는 일이다. 중요한 것은 현상과 이슈를 어떤 관점에서 파악하고 실행과제를 선정할 것인가?하는 것이다.

예를 들면, 단지 '조직 통폐합에 의한 비용 효율화'와 같이 시너지 과제를 사전에 결정하고 PMI를 바로 추진할 것인지, 아니면 현재의 사업 및 제품전략, 기술역량, 운영시스템, 기업문화 등 좀더 근원적으로 현상을 분석하여 이슈와 PMI 과제를 도출할 것인가?하는 문제다.

많은 경우, M&A 계약 당시의 가설이 실제로는 구현될 수 없거나, 효과가 미흡하여 결국 M&A 목적 자체가 실패로 돌아간다. '시너지'에 대한 과도한 집착이 M&A 실패의 주요 요인으로 분석되고 있는 것처럼 말이다.

따라서 정말 명확한 경우를 제외하고, 최종적인 M&A 목적과 추진과제는

PMI 활동을 통해 데이터와 정보를 충분히 수집하여 현상과 이슈들을 파악하고 난 뒤 설정하는 것이 M&A 실패 리스크를 최소화할 수 있다.

설사 M&A 목적과 추진과제가 사전에 명확하게 결정되었다고 하더라도, 좀더 근원적이고 폭넓은 관점에서 데이터와 정보를 수집하여 현상과 이슈를 파악하는 것이 PMI를 좀더 제대로 추진할 수 있다.

이런 측면에서 PMI 6영역의 기본개념에 대한 이해가 필요한데, 특히 PMI 비전팀 멤버들은 이에 대한 충분한 학습이 필요하다. 그래서 한실장은 우선 B 사의 이슈와 현상을 파악한 후에 정리된 내용과 함께 비전팀 멤버들에게도 PMI 6영역에 대한 설명을 할 생각이다.

PMI 6영역은 앞에서도 언급한 것처럼 「비전과 사업전략」, 「리스크」, 「핵심 역량과 인력」, 「조직구조 및 인력운영」, 「운영시스템」, 「기업문화」 등으로 구성되어 있다. 그리고 이 요소들 간의 관계를 고려하여 통합적인 관점에서 이슈와 현상파악, 그리고 개선방향과 실행과제들이 도출되어야 한다. 다음은 6개 영역들 간의 관계를 도식화한 것이다.

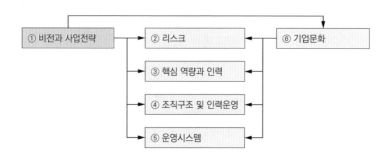

비전과 사업전략, 그리고 지향 기업문화가 설정이 되면, 나머지 4개 요소들은 이를 만족시키기 위하여 설계되고 실행되어야 한다. 또한 기업문화도 비전과 사업전략을 제대로 구현할 수 있도록, 그리고 리더와 구성원들의 생각과 행동양식을 변화시킬 수 있도록 작동되어야 한다.

결론적으로 PMI 활동의 핵심 결과물은 성장을 위한 '비전과 사업전략'이다. 이에 대한 설계와 실행, 재무성과가 충분하지 못하면 PMI는 실패한 것이다. 나머지 4개 영역은 '비전과 사업전략'의 성과를 지속적으로 창출하기 위한 지원변수들이다.

한실장은 우선 PMI 6영역들에 대한 기본개념을 빨리 정리하는 것이 좋겠다고 생각했다. 아마도 정리하는 과정에서 곧 진행될 B기업의 현상과 이슈를 파악하기 위한 방법을 좀더 구체화시킬 수 있는 아이디어를 얻을 수도 있을 것이다.

한실장은 과거의 개인적 경험과 다른 PMI 사례들을 분석하여 다음과 같이 PMI 6영역들을 정의했다.

비전과 사업전략 : 성장에 대한 비전설정과 비전달성을 위한 사업전략 수립

M&A의 궁극적인 목적과 피인수 기업이 기대하는 것은 성장에 대한 비전이다. 그리고 이러한 비전에 대한 신뢰도는 비전을 달성하기 위한 사업전략의 적합도에 달려있다.

즉, 화려한 문장으로 가득 찬 비전보다는 성장전략의 내용이 얼마나 구체적이고 도전해 볼만한 혁신성을 가지고 있는가가 구성원들에게 더 설득력을 가진다. 이러한 내용을 담은 비전과 사업전략이 완성되어야 비로소 M&A의 정당성과 PMI의 신뢰성에 대한 구성원들의 평가가 이루어지게 된다.

「비전$_{vision}$」은 한 기업의 근본적 존재 이유인 미션을 달성하기 위하여 5년~10년 후의 미래의 모습을 구체적으로 나타낸 이정표$_{milestone}$와 같은 것이다.

비전은 구성원들에게 회사의 방향성과 목표를 명확하게 제시함으로써 구성원들의 참여와 의욕을 고취시켜 분산된 역량을 결집시키는 역할을 하는데, 내용은 간결하고 쉽게 이해할 수 있어야 하며 실현가능성이 있어야 한다.

예를 들면, '2025년까지 신제품의 매출액 5천억, 영업이익 500억 달성', '2025년까지 글로벌 시장점유율 1위' 등과 같은 슬로건들이다.

이러한 비전이 구성원들에게 공감과 설득력을 갖게 하려면 이를 실현시키기 위한 구체적인 로드맵과 방법이 제시되어야 하는데, 이것이 바로 사업전략이다.

「사업전략」은 먼저 기존 사업의 현황을 파악하고, 비전을 달성하기 위한 사업 구조와 내용, 그리고 비즈니스 모델을 구체적으로 정의하는 것이며 어디서, 언제, 어떻게 싸울 것인지를 결정하는 것이다.

'기존 사업의 현황'을 파악할 때는 먼저 과거 실적 분석과 향후 3~5년 실적 추정, 그리고 산업구조분석five forces model 등을 통해 과거, 현재, 미래의 수익 흐름을 분석한다. 그리고 이를 바탕으로 지속적인 생존과 성장을 위해 사업구조와 내용에 있어서 필요한 혁신의 방향과 크기를 가늠한다.

'사업구조'는 다양한 관점에서 정의할 수 있는데, 예를 들면 다음 그림처럼 제품·용도, 지역, 가치 체인 등 3개의 축을 기준으로 사업 구조의 틀frame을 정할 수 있다.

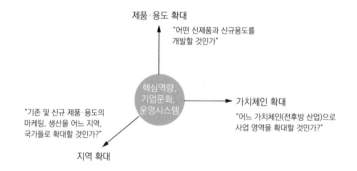

'사업내용'은 이렇게 정의된 사업구조의 틀에서 구체적으로 어떤 신규 제품·용도와 지역, 가치체인을 성장동력으로 삼을 것인지를 정의하는 것이다.

이것은 일종의 사업아이템을 발굴하는 것인데, 이에 대한 방법론들에 대해서는 「신사업, 신제품 오디세이(황춘석, 2019.9)」에 자세히 설명되어 있다. 이 책에서는 사업 아이템을 발굴하는데 있어서 해당 산업에 대한 '통찰력'을 가진 전문가가 중심이 되어야 한다는 것을 강조하고 있다. 해당 분야에 대한 지식과 경험이 없는 인수 기업의 독단에 의해 일방적으로 아이템을 결정하는 것은 매우 리스크가 크다는 것을 말하고 있다.

'비즈니스 모델'은 선정된 사업아이템에 대해서 누구에게, 어떤 고객가치를, 어떻게 전달하여 수익을 창출할 것인가를 설명하는 것이다.

그리고 해당 산업의 특성에 따라 다르겠지만, 고객가치를 정의하고 전달할 때 중요하게 고려해야 할 것이 디지털 기술digital technology이다. 최근 다양한 데이터의 폭발적인 생성, 그리고 데이터의 저장과 분석기술, 네트워킹과 제어기술이 발전하면서 이를 활용하여 '게임의 법칙'을 한순간에 바꿀 수 있는 토양이 마련되어 있다.

이제는 많은 사업영역에서 디지털기술로 무장된 통찰력을 가진 기업이 '게임 체인저'가 될 수 있는 시대가 된 것이다. 이 '게임 체인저'가 바로 '디지털 엔터프러이즈digital enterprise' 또는 '디지털 트랜스포머digital transformer'들로 불리는 기업들이다.

넷플릭스가 고객이 원하는 콘텐츠를, 원하는 디바이스에서, 원하는 시간에 제공하기 위해서 스트리밍streaming이라는 디지털기술을 도입함으로써, 기존의 DVD렌털 시장을 사라지게 만든 것처럼 말이다.

리스크 : 주요 리스크 도출 및 신속한 조치

뉴욕대 경영대학원의 마크 L. 서로워 교수가 다양한 산업에 걸쳐 168건의 M&A 사례를 조사한 결과, 65%가 시너지 창출에 실패한 것으로 나타났다.

이 말은 어떤 예상하지 못한 이유로 M&A의 65%가 기대했던 시너지 창출에 실패했다는 의미이다. 애초 시너지에 대한 M&A 가설 자체가 잘못되었거나 아니면 PMI 과정에서 잘못 접근했던지 간에 잠재 리스크를 제대로 예측, 평가, 예방하지 못한 것이다.

따라서 다양한 관점에서 리스크를 도출하고 좀더 객관적인 관점에서 평가 및 우선순위를 정하여 신속히 제거하거나 최소화시켜야 한다.

잠재적 중대 리스크가 현실로 나타나는 순간 M&A 목적 자체가 바로 위협을 받거나, 모든 PMI추진 분위기를 순식간에 덮어 버릴 수도 있기 때문에 이에 더욱 신경을 써야 한다.

리스크의 유형은 크게 경영환경 리스크, 재무 리스크, 비즈니스 리스크 등으로 구분할 수 있는데, 유형별 주요 PMI 리스크들은 다음과 같다.

리스크 유형	주요 PMI 리스크	분석필요 내용
경영환경 리스크	• 관련 법규 제/개정 • 공정거래 • 노사관계 • 지역사회 반발 • 환율	• 주요 입법 및 규제 식별 및 제/개정 내용 • 공정거래 이슈 파악 (반독점, 하도급, 반덤핑 등) • 노사관계 • 관계기관 및 지역주민 이슈사항 파악 • 환차 손익
재무 리스크	• FX 포지션 • 현금흐름 • 세무 • 금융사고	• 환헤지 비율 및 금액 • 자금수지 • 세무관련 현황(법규준수, 세무조사 일정 등) • 자금흐름, 이상탐지detecting시스템
비즈니스 리스크	• 판매량/단가 급감 • 주요 고객 이탈 • 부도(매출채권) • 주요 원부자재 수급/가격 • 과다 재고 • 계약 조건 • 안전/환경 사고	• 수급 및 경쟁 분석 • 주요 고객 구매전략 • Overdue, 불량채권 • 수급 현황, 안전재고 수준 • 재고분석(불량,안전재고,회전기일) • 계약 리스트 및 내용의 적합성 • 고장모드영향분석(FMEA)

리스크 분석은 다음 표와 같이 '발생시 심각성'과 '발생가능성', 그리고 이를 제거 혹은 최소화하기 위해 필요한 '예상 투자비용'을 가지고 평가할 수 있다.

리스크		리스크 평가(1~5)			예상 투자비	
제목	내용(현상/원인)	심각성	발생가능성	우선순위	제거/최소화 방안	투자비 (예상)
주요 고객 구매량 급감 우려	금번 A사의 B사 인수로 고객들의 파트너십 약화 우려 및 복수 공급업체 운용 가능성	5	3	1	A사 CEO의 주요 고객들 방문 및 기존 파트너십 유지/강화 필요	—

위험물 탱크 누출 우려	XX동에 있는 위험물 탱크 크랙의심으로 누출 우려	5	4	1	1차 방류턱 및 드레인 라인 설치하고, 탱크 구조물 진단 및 필요 시 수리/교체	0.5억

1(매우 낮음), 2(낮음), 3(보통), 4(높음), 5(매우 높음)

이러한 PMI 리스크에 대한 분석은 PMI추진 과정에서 자세하게 조사, 분석을 하겠지만, 우선 개략적으로 심각성과 발생가능성이 매우 높은 리스크를 신속하게 파악하여 조치를 취해야 한다.

핵심 역량과 인력 : 핵심 역량과 인력의 파악 및 관리

핵심역량은 기업을 지속적으로 생존, 성장시켜 줄 수 있는 기업 내부의 유무형 자산을 말한다. 예를 들면 브랜드 이미지, ○○기술, 유통망 등이 될 수 있는데 해당 산업의 특성과 기업의 사업전략에 따라 다를 수가 있을 것이다.

그리고 핵심역량이 갖추어야 할 몇 가지 조건이 있는데, 경쟁사 대비 우월적 차별력을 가지게 하는 '희소성$_{rare}$', 고객가치 창출에 기여할 수 있는 '가치 창출성$_{valuable}$', 경쟁사가 쉽게 모방할 수 없는 '모방 불가성$_{inimitable}$', 그리고 마지막으로 다른 신사업에도 적용이 가능한 '확장 적용성$_{leverageable}$'이다.

상당수의 M&A에서 인수 기업은 피인수 기업이 가지고 있는 핵심역량에 많은 돈을 지불한다. 따라서 실제 핵심역량의 수준과 가치가 어느 정도인지, 그리고 지속적으로 핵심역량을 업데이트하기 위해 무엇을 해야 하는지를 파악할 필요가 있다.

많은 경우, 사람이 핵심역량을 보유하고 있기 때문에 핵심인력을 유지하는 것은 매우 중요한 일이다. 특히 기술과 같은 지식기반의 사업에서는 더욱 그렇다. 힘들게 성사시킨 M&A가 문화적 충돌, 개인의 비전 등의 문제로 핵심인력들이 이탈하면서 낭패를 당하는 경우가 적지않게 발생한다.

그래서 핵심 역량과 인력을 가능한 한 빨리 파악하고, 그들이 새로운 조직에서 원하는 것이 무엇인지를 조사하여 매력적인 동기부여를 할 수 있어야 한다.

핵심인력을 판단하는 기준은 간단하다. 해당 인력이 조직을 떠났을 때 현재와 미래의 회사에 예상되는 손실의 정도를 추산하면 된다. 손실의 정도를 자세하게 계산하지 않더라도, 소속 회사의 동료들은 '그 사람이 회사를 그만두면 안되는데…'라는 것을 직관적으로 알고 있다.

핵심인력을 유지하기 위한 동기부여 방식은 국가나 산업 특성에 따라 다를 수 있지만, 일반적으로 스톡옵션 등 금전적인 보상 방식은 합리적 평등성에 기초한 협업 문화에 부정적인 영향을 미친다. 또한 회사와 구성원들 간의 관계를 금전적 계약관계로 만들기 때문에 지향 기업문화와의 적합성 측면을 충분히 고려해야 한다.

따라서 일반적인 동기부여 방식은 금전적인 보상보다는 새로운 직책과 역할, 기회를 부여함으로써 안정적인 위치에서 새로운 성장에 도전할 수 있는 기회를 제공하는 것이 바람직하다.

특히 엔지니어들은 기술에 대한 열망이 크기 때문에 새로운 제품과 기술에 도전할 수 있는 비전과 조직문화에 대한 믿음을 심어주는 것이 일시적인 금전적 보상보다도 더 효과적일 수 있다. 따라서 PMI 과정에서 개인의 성장에 대한 비전과 믿음을 가질 수 있도록 감성적·이성적 커뮤니케이션을 하고, 실제로 그렇게 느끼게 하는 것이 무엇보다도 중요하다.

또한 인수 기업의 태도도 중요한데, 만약 인수 기업이 '점령군'처럼 일방적인 커뮤니케이션을 하고 행동을 한다면, 옵션이 있는 핵심인력들은 조만 간에 더 나은 비전과 환경을 찾아 미련없이 떠날 것이다.

사실 이직을 한다는 것은 새로운 장소와 사람, 분위기에 적응해야 하는 번거롭고 힘든 일이다. 그래서 핵심인력들은 인수 기업이 더 나은 비전과 환경을 제시할 수 있기를 내심 기대하면서 탐색의 시간을 가진다. 이 기간 중에 새로운 성장에 대한 믿음을 갖게 하고 동기를 부여하는 것이 핵심인력의 이탈을 방지하고 그들이 더 강한 열정을 가지게 할 수 있는 기회이기도 하다.

조직구조 및 인력운영 : 비전과 사업전략에 적합한 조직구조 설계 및 인력배치

조직구조와 인력 구성은 비전과 사업전략을 성공적으로 실행하기 위한 조직역량을 확보하는데 있다.

또한 PMI 혁신 방향과 의지에 대해 피부에 와 닿는 메시지를 주는 가장 실질적인 방법이 바로 현재의 조직구조 및 인력 배치에 변화를 주는 것이다.

사실 소속 집단이 바뀌고 본인의 역할이 바뀐다는 것은 개인에게는 매우 큰 사건이기 때문에 몸과 마음이 예민하게 즉각적으로 반응한다. 그리고 이러한 조직 변화의 타당성에 대해서는 새로운 비전과 사업전략을 연계한 맥락적인 평가가 구성원들의 머리 속에 자동적으로 이루어진다.

특히 최고경영자와 경영진의 교체는 큰 의미를 갖는데, 이것은 기존의 업무방식과 기업문화, 조직 내의 권력구조에 큰 변화가 일어날 것이라는 것을 암시하기 때문이다. 그래서 최고경영자를 포함한 경영진들의 교체 여부와 범위, 시점, 역할에 대해서는 신중하게 판단을 해야 한다. 특히 해외 M&A의 경우에는 더욱 그렇다.

따라서 조직구조 및 인력운영은 반드시 새로운 비전과 사업전략을 연계시켜 설계하여야 하고, 설계내용이 구성원들에게 맥락적 설득력을 가질 수 있어

야 한다.

'조직구조'를 설계한다는 것은 성공적인 사업전략 수행을 위하여 단위조직들의 권력power과 권한authority의 배치를 결정하는 것인데, 다음과 같이 전문화, 조직형태, 권력분배, 단위조직화 등의 요소들을 고려해야 한다.

전문화specialization : 업무를 수행하기 위해 사용되는 직무전문성의 유형과 수를 의미하며, 업무수행의 전문성과 함께 통합성을 고려해야 함.

조직형태shape : 조직의 수준level에 따라 각 단위조직들을 구성하는 평균 인력의 수span of control를 의미하며, 조직구조의 평평한 정도를 결정.

권력분배distribution of power : 수직적·수평적 등 두 가지 차원으로 구성되며, 수직적인 권력분배는 상부에 권한이 집중되는 집권화centralization와 하부에 권한이 위임되는 분권화decentralization를 말하며, 수평적인 권력분배는 단위조직들의 힘의 위치와 권한에 관한 것으로 조직에서 더욱 중추적인 역할을 하는 조직으로 권력이 이동하는 것을 의미.

단위조직화departmentalization : 단위조직들을 어떤 관점(기능, 제품, 시장·고객, 지역, 프로세스 등) 관점에서 구성할 것인지를 선택.

그리고 '인력 운영'은 사업전략의 성공적 추진 및 핵심역량 확보, 강화에 적합한 리더와 구성원을 적합성과 인원수 관점에서 재배분하는 것이며, 필요한 경우 외부에서 채용할 수 있다.

특히 팀장 이상의 리더들에 대한 적합성 검증은 매우 중요하다. 아무리 멋진 비전과 사업전략을 수립하고 PMI추진 과제를 도출했다고 하더라도 리더가 변화에 부정적이고 리더십과 역량에 문제가 있으면 성공적인 실행을 기대할 수가 없다.

이처럼 조직구조와 인력운영 설계는 사업전략과 매우 밀접하게 연관되어 있는데, 예를 들어 조금 더 자세하게 이야기해 보자. 어떤 회사의 사업전략이 현재의 수익성보다 미래의 수익성에 더 중점을 둔다고 한다면, 조직과 인력을 구성할 때 다음과 같은 고민이 생길 것이다.

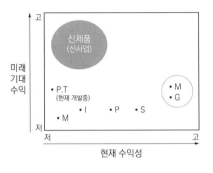

Q1) 신제품(사업) 발굴과 현재 개발중인 제품(사업)의 성공적 추진을 위한 적절한 독립성과 권한 부여를 위해 조직상의 위치를 어떻게 정하고, 적합한 인력배분(리더와 구성원들의 역량과 인원수)을 어떻게 할 것인가?

Q2) M, G제품(사업)의 시장 리더십 유지/강화와 Global 확대를 위한 적절한 조직구성과 역할 정의, 그리고 인력배분을 어떻게 할 것인가

Q3) 전략적 중요도를 고려하여 전사적 관점에서 사업별, 제품별, 기능별 적절한 조직구조와 인력배분을 어떻게 할 것인가? (Input 축소 vs output 증대 관점)

즉, 기존 사업의 수익을 최적화하면서 미래 기대수익이 유망한 신제품(신사업)에 대한 지원을 강화할 수 있는 조직구조와 인력구성을 어떻게 할 것인가? 에 대한 근사 답안을 찾는 것이 핵심이다.

그리고 인수 기업의 조직구조와 인력구성을 설계할 때 중요하게 고려해야 할 또 다른 요소가 있다. 그것은 M&A 목적에 부합하는 통합방식인데, 이것은 인수 기업과 피인수 기업간의 '전략적 상호의존성'과 인수 기업 조직의 '자율성 필요 정도'에 따라 네 가지 유형으로 구분된다.

전략적 상호의존성

	낮음	높음
높음	보존 preservation (자율권 보장*) * 필요시 재무영역만 통합	공생 symbiosis (통합의 범위결정)
낮음	보유 holding (별도 통합활동 없음)	흡수 absorption (완전 통합)

(자율성 필요)

출처 : Haspeslagh, P.C., Jemison, D.B., Managing Acquisitions, 1991

보존preservation : 양사가 이질적인 사업 특성을 가지고 있을 경우, 피인수 기업의 자율권을 충분히 보장하는 조직 구조와 인력을 구성(필요시 인수, 피인수 기업 간의 재무보고와 재무프로세스는 통합이 이루어질 수 있도록 최소한의 통합)

공생symbiosis : 수평적·수직적 사업을 M&A한 경우, M&A의 목적에 따라 통합의 범위를 결정하고 이에 적합한 조직 구조와 인력을 구성

흡수absorption : 수평적·수직적 사업을 M&A한 경우, M&A 목적에 따라 모든 프로세스, 조직과 인력을 흡수하여 통합

보유holding : 피인수 기업의 오너십을 인정하고 별도의 통합작업을 하지 않음

운영시스템 : 새로운 비전과 사업전략, 조직문화에 적합한 운영시스템 설계
아무리 훌륭한 비전과 사업전략도 이를 구현하는 운영시스템이 적절하지 않으면 화려한 구호에 불과하다. 그리고 사실 제대로 된 운영시스템을 설계하고 실행하는 것은 비전과 사업전략을 수립하는 것보다 더 어렵고, 중요할 수 있다.

「LG주간경제(2005.6.8)」에 소개된 시어스 로벅Sears Roebuck의 사례를 살펴보자.
"소매 유통회사인 시어스 로벅은 자신들의 소매채널을 활용한 새로운 금융서비스를 제공하기 위해 금융회사인 콜드웰뱅커Coldwell Banker 및 딘위터레이놀즈Dean Witter Reynolds를 잇따라 인수하였다.
하지만, M&A 후 통합과정에서 새로운 서비스에 맞는 운영프로세스를 구축하지 못한 것이 문제가 되었다. 시어즈는 금융서비스 창구를 자동차용품이나 스포츠용품 코너와 같이 혼잡스러운 장소에 설치했는데, 이는 금융상품 소비자들의 구매패턴을 충분히 이해하지 못한 결과였다.
언뜻 생각하기에는 많은 쇼핑객들이 오고가는 장소에 금융서비스 카운터를 두는 것이 상품 판매에 효과적일 것으로 보이지만, 혼잡한 장소에 마련된 금융 창구는 소비자들에게 상품에 대한 신뢰를 주는데 장애가 되었다.
또한 금융상품의 특징에 따라 마케팅이나 영업방식, 유통채널이 달라져야

함에도 불구하고 획일화된 운영프로세스로 일관했다. 시어즈는 새로운 금융서비스에 맞는 비즈니스 시스템을 제대로 구축하지 못한 것이다.

결과적으로 시어즈의 잇따른 금융회사 인수는 핵심사업인 소매유통 사업마저 악화시키는 결과를 초래하고 말았다."

사업전략을 성공적으로 수행하기 위한 운영시스템은 시장·고객에게 차별적 가치를 제공하기 위해서 무엇을, 어떻게 해야 할지를 설계하는 것이다. 이를 제대로 설계하기 위해서는 인수 기업의 시각이 아닌 피인수 기업의 관점에서 보아야 한다.

즉 피인수 기업의 시장에서 표적고객들의 특성과 가치가 무엇인지, 산업 내의 경쟁상황이 어떻게 되는지를 파악하고 차별적 경쟁우위를 가지기 위해 어떤 가치를, 어떻게 제공할 것인지를 정의해야 하는 것이다.

그리고 미래를 예측하는 사업전략은 항상 예상하지 못했던 문제에 의해 오차가 발생한다. 이러한 오차를 최소화하고, 전략을 실행하는 과정에서 처음의 사업전략을 정교화하거나 변경, 확장하는 역할을 하는 것이 운영시스템이다.

운영시스템이란 '기업의 지속적 생존과 성장을 위해서 경영활동의 독립된 요소(업무 프로세스, 활동)들을 결합 혹은 조합하여 전체가 유기적으로 연계되어 하나로 동작하는 것'이다. 이 말은 운영시스템을 구성하는 각각의 요소들은 독립적이시만 목적성을 가시고 서로 간에 유기석으로 연계될 때 제대로 뇐 성과를 창출할 수 있다는 의미다.

이러한 운영시스템은 다음 그림처럼 계층구조로 이루어져 있는데, 최상위 계층인 레벨1에는 '사업전략 수립 및 운영', '상품기획', '제품개발', '생산', '판매', '인력 개발 및 관리', '재무관리' 등과 같은 전사 시스템인 메가프로세스가 있다.

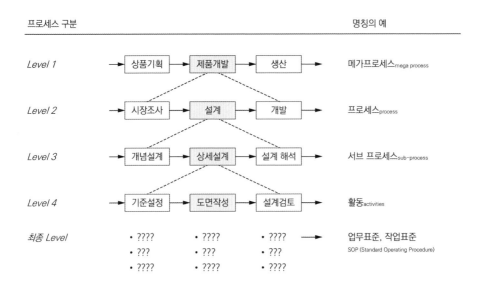

프로세스 구분				명칭의 예
Level 1	상품기획 →	제품개발 →	생산 →	메가프로세스mega process
Level 2	시장조사 →	설계 →	개발 →	프로세스process
Level 3	개념설계 →	상세설계 →	설계 해석 →	서브 프로세스sub-process
Level 4	기준설정 →	도면작성 →	설계검토 →	활동activities
최종 Level	• ???? • ??? • ????	• ???? • ??? • ????	• ???? • ??? • ???? →	업무표준, 작업표준 SOP (Standard Operating Procedure)

이 메가프로세스를 보면 전사의 경영시스템이 어떤 기능들로 구성되어 있
는지를 알 수 있으며, 이 메가프로세스를 계층적으로 구체화시킬수록 업무 내
용이 좀더 명확해진다.

그리고 동일한 레벨 및 상하위 레벨들의 프로세스들 간에는 연계성과 통
합성이 이루어지도록 내용이 설계되어야 운영시스템이 제대로 작동하게 된다.

즉, 상품 기획의 내용이 제품개발 활동과 연계되고, 성공적인 제품개발을
위해서 시장조사, 설계, 개발활동 내용이 구성되어야 하는 것이다. 그렇게 해야
상품 기획의 내용을 구현하기 위한 모든 개발활동이 명확한 목표를 가지고 연
계, 통합될 수 있게 된다.

사실 PMI 활동기간 내에 모든 비즈니스 프로세스와 활동에 대해 현상을
파악하고 재설계를 한다는 것은 현실적으로 어려운 일이다. 따라서 PMI비전과
사업전략, 지향 기업문화와 직접적으로 관계가 되는 핵심 '비즈니스 프로세스'
나 '활동'을 선정하여 추진하는 것이 효과적이다.

핵심 '비즈니스 프로세스'와 '활동'을 선정하고, 그 내용의 범위를 결정하는데
있어서 정해진 규칙이나 기준은 없다. 왜냐하면 해당 사업과 시장의 특성에 따라

모두 다르기 때문에 이를 일괄적으로 정의하는 것은 적절하지 않기 때문이다.

그래서 운영시스템에 대해 세밀하고 통합적인 지식과 경험을 갖춘 전문가가 해당 기업의 리더·구성원들과의 인터뷰나 워크숍, 개략적인 현황 조사 및 분석을 통해서 핵심 '비즈니스 프로세스'와 '활동'을 도출하는 것이 가장 합리적인 방법이다.

핵심 '비즈니스 프로세스'와 '활동'에는 다음 표의 예와 같은 것들이 있는데, 필요에 따라 좀더 세분화하여 도출할 수 있다.

분류	비즈니스 프로세스(예)	활동 (예)	
본원적 기능	마케팅/상품기획	• 마켓센싱 • 유망 사업화 아이템 선정 • 시장 세분화	• 표적시장 선정 • 포지셔닝 • 4P 전략
	R&D	• 다세대제품기획(MGPP) • 개념설계 • 상세설계	• 양산성 검증 • 실험설비 관리 • 실험정보 및 데이터 관리
	생산	• 변수 최적화(5M1E) • 소집단활동	• 제안제도 • 제조원가 절감
	판매	• 고객관계관리 • 고객가치 발굴	• 고객가치 평가 • 고객가치 설계
	구매/물류	• 재고분석 • 원부자재 품질관리	• 원부자재 구매비용 절감 • 공급업체 평가
지원 기능	HR (인력 관리/개발)	• 전략적 조직구조 설계 • 전략적 인력 배치 • 채용 • 교육훈련	• 일을 통한 육성 • 자기개발 • 평가 방식 • 보상 방식
	재무	• 재고분석 • 채권분석 • 자산평가 • 손익산출	• 현금흐름 분석 • 세무 관리 • 투자 타당성 평가 • 공시
	IT/DT	• IT 시스템 구조 • 데이터 수집	• 데이터 저장 • 데이터 분석
	홍보	• 언론 홍보 • 언론기사 검색	• 광고 • 판촉

통합 기능	연계성/통합성	• 프로세스간 연계/통합	• 활동간 연계/통합
	기술 통합관리	• 기술 분류 • 기술수준 평가	• 기술 축적 • 기술 활용
	브랜드 전략	• 상표/상호 (유지/변경) • 로고관리	• Brand Architecture (기업/하위/보증/개별 브랜드)

예를 들면, '구매·물류 프로세스'의 '재고분석' 활동을 '완제품 에이징aging 분석' 활동으로 좀더 구체화하거나, '원부자재 구매비용 절감' 활동을 '원자재 시장가격 예측' 등으로 좀더 세분화할 수 있을 것이다.

그리고 PMI 대상이 되는 핵심 '비즈니스 프로세스'와 '활동'을 선정할 때, 그 범위는 가능한 한 최소화해야 하며, 핀을 모두 쓰러뜨릴 수 있는 볼링의 킹 핀처럼 핵심 중의 핵심을 선정해야 한다. 즉, 피인수 기업의 산업에서 차별적 경쟁우위를 확보하는데 있어서 신속한 제품개발역량이 핵심요소일 경우, '연구 개발 및 양산' 프로세스만을 구축대상으로 선정할 수도 있는 것이다.

핵심 '비즈니스 프로세스'와 '활동'이 선정되면, 다음 단계가 현상과 문제 점을 자세하게 파악하고, 개선방안을 설계하는 일이다. 이에 대한 방법을 알 아보자.

다음 그림과 같이 모든 비즈니스 프로세스와 활동은 '자원'을 활용하여 '입 력'요소를 목표 결과물인 '출력'으로 바꾸기 위해서 '제약조건'을 극복하는 '과 정process'이다.

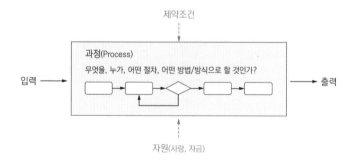

- 무엇을: 어떤 업무를 대상으로 할 것인지를 정의
- 누가: 업무수행을 누가 주관하고 지원할 것인가를 결정
- 어떤 절차: 업무의 수행 절차와 기준을 정의
- 어떤 방법/방식: 업무의 수행 방법과 방식(도구, 기법 등)을 기술
  (특히, IT$_{\text{Information Technology}}$, DT$_{\text{Data Technology}}$를 활용한 프로세스 설계
  및 구현 방법에 대한 적극적 검토가 필요)

이 '과정$_{\text{process}}$'이라는 것은 '무엇을, 누가, 어떤 절차와 방법·방식'으로 업무를 수행하는가에 대한 것이다. 그런데 만약 현재 '무엇을, 누가, 어떤 절차와 방법·방식'으로 업무를 수행했는데도 불구하고 기대하는 출력(결과물)이 나오지 않는다면 '입력'요소나 '과정'에 문제가 있다는 의미이다.

따라서 개선방안을 설계한다는 것은 결국 기대하는 출력(결과물)을 창출하기 위해서 기존의 '입력'과 '과정' 즉, '무엇을, 누가, 어떤 절차와 방법·방식'의 내용을 바꾼다는 것이다.

그리고, 개선방안을 설계할 때 데이터와 정보를 활용(생성과 분석)하여 '비즈니스 프로세스'와 '활동'을 좀더 효율적·효과적으로 수행될 수 있도록 고민해야 한다.

기업문화 : 지향 조직문화를 구축하기 위한 변화 프로그램 설계

'조직문화란 구성원들에게 공유된 생각과 느낌, 행동의 양식'이라고 「신사업, 신제품 오디세이(2019.9 박영사)」에서도 정의한 것처럼, 지극히 포괄적이면서 추상적이다.

이처럼 조직문화는 제품, 손익처럼 눈에는 보이지 않지만 기업경영의 주체인 리더와 구성원들의 생각과 행동식을 결정하는 것이기 때문에, 기업의 지속적 생존과 성장을 위해서는 매우 중요한 요소이다.

특히 해외기업의 M&A에 있어서 '문화 충돌'은 큰 리스크로 작동한다. M&A 계약체결 후 제대로 출발하기도 전에, 양사간의 상이한 문화차이로 발생

된 갈등과 불만으로 핵심인력이 떠나고 현지인과 파견인, 본사 간의 갈등으로 어이없이 침몰한 사례가 적지 않다.

다음은 과거 한실장이 미국과 중국기업의 혁신 프로젝트에 참여하면서 기업문화 차이에 대해 느낀 것을 정리한 것이다. 양국 간, 양사 간의 문화적 차이를 인정하지 않고, 일방적으로 인수 기업의 업무방식을 그대로 적용하려 하거나 이식하려 하는 것은 매우 위험한 것이라는 것을 절실히 깨닫게 했던 경험이었다.

[미국 문화]   [한국 문화]   [중국 문화]

vs   vs

· 개인/가족 중심   · 집단/회사 중심   · 공평주의
· 규정/기준 준수   · 자율적/임의적   (공동분배/책임)
· 귀납적   · 연역적   · 상명하복/위계질서
 (이론적/단계적)   (경험적/직관적)   · 개인적 관계중시
· ……   · ……   · ……

조직문화를 진단해 보면, 대부분 기업들의 구성원들은 자신이 속한 조직문화에 대해 아쉬움을 가지고 있다.

"너무 안정 위주이고, 과감하게 도전을 시도하지 않는다" "실패를 용납하지 않고 단기성과 중심적이다" "자율보다는 통제적이고 관리적이다" 등의 불만들이다.

특히 뭔가에 도전하고, 새로운 것을 추구하는 성향이 있는 핵심인력일수록 이에 대한 문제 인식이 강해서 조직문화 혁신에 대한 욕구와 수용성 또한 크다. 역설적이지만 이런 이유로 PMI 시점이 기업문화 혁신의 최적기이며, 성공적인 조직문화 혁신을 통해서 피인수 기업 구성원들에게 M&A에 대한 타당성을 설득할 수 있는 좋은 기회이기도 하다.

조직문화는 개인과 집단의 무의식과 본능, 그리고 그 집단에서 오랫동안 경험하고 학습한 개인의 생존 방식이 작동하는 현상이다. 그리고 기존의 사고와 행동의 관성이 강하게 작동하기 때문에 문화를 바꾼다는 것은 얽히고 설킨 쇠사슬을 풀고, 체인의 구조를 다시 설계하여 고리들을 연결하는 것과 같이 어려운 일이기도 하다.

그럼 한 기업의 조직문화를 어떻게 정의하고 변화시킬 수 있을까? 조직문화는 매우 복합적이고, 한 기업 내에서도 단위조직별로 문화가 다를 수 있기 때문에 설문과 같이 정형화되고 폐쇄된 질문방식으로 조직문화를 진단하고 개선책을 도출하는 데에는 한계가 있다.

그리고 과거에 국내외 기업들을 대상으로 설문조사를 통해 기업문화를 진단해 보면, 대부분의 경우 산업 특성별로 공통적인 패턴을 가지고 있는데, 이 일반적인 결과를 가지고 기업 전체 혹은 단위조직들의 문화를 심층적으로 이해하는 데는 한계가 있다.

따라서 가능하다면 설문조사와 함께 인터뷰나 워크숍, 일상에서 구성원들이 의식적 혹은 무의식적으로 사용하는 용어나, 사고와 행동의 흐름을 같이 관찰하여 조직문화에 대한 종합적인 진단을 내리는 것이 바람직하다.

조직문화를 진단할 때 조직문화 전문가인 에드거 샤인Edgar H. Schein이 제시한 '조직문화 3계층'을 참고로 하여 설계를 하는 것도 괜찮은 방법이다.

샤인은 다음 빙산 그림과 같이 겉으로 드러나는 인공물artifacts, 추구 가치와 믿음espoused values and beliefs, 암묵적 기본 가정들basic underlying assumptions 등 3개의 계층으로 문화가 구성되어 있다라고 주장한다.

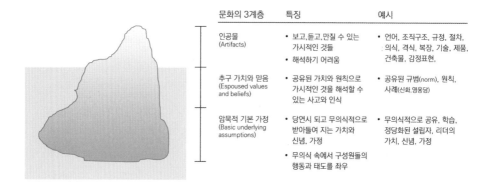

문화의 3계층	특징	예시
인공물 (Artifacts)	• 보고,듣고,만질 수 있는 　가시적인 것들 • 해석하기 어려움	• 언어, 조직구조, 규정, 절차, 　의식, 격식, 복장, 기술, 제품, 　건축물, 감정표현,
추구 가치와 믿음 (Espoused values and beliefs)	• 공유된 가치와 원칙으로 　가시적인 것을 해석할 수 　있는 사고와 인식	• 공유된 규범(norm), 원칙, 　사례(신화,영웅담)
암묵적 기본 가정 (Basic underlying assumptions)	• 당연시 되고 무의식적으로 　받아들여 지는 가치와 　신념, 가정 • 무의식 속에서 구성원들의 　행동과 태도를 좌우	• 무의식적으로 공유, 학습, 　정당화된 설립자, 리더의 　가치, 신념, 가정

　　인공물_{artifacts}은 조직에서 사용하는 용어, 복장, 의식, 격식, 조직구조 등의 가시적인 형태로 나타나는 것들인데, '인공물'들로만 조직문화를 정확하게 해석하기는 어렵다.

　　예를 들면 엄격한 드레스 코드를 가지고 있는 기업들도 창의와 혁신적 기업문화를 중요시할 수도 있고, 복장이 자유로운 기업도 엄격한 계층문화를 가지고 있는 경우도 많다. 그래서 그 기업에서 공유된 핵심가치, 규범과 원칙 같이 '공표한 추구 가치와 믿음_{espoused values and beliefs}'도 같이 이해해야 '인공물'들을 좀더 정확하게 이해할 수 있다.

　　하지만 이 둘도 실제 기업의 조직문화를 정확하게 나타내는 것은 아니다.

　　실질적으로 단위조직이나 구성원들의 행동과 생각을 결정하는 것은 오랜 기간의 경험과 학습에 의해 형성된 가치와 신념들인데, 이러한 것들이 의식적·무의식적으로 내재화되어 구성원들의 모든 생각과 행동에 강한 영향을 미친다.

　　그리고 내재화된 가치와 신념들은 특히 사업초기에 설립자나 리더의 가치와 신념에 영향을 가장 많이 받는다. 이것은 삼성그룹과 현대그룹, SK그룹, LG그룹 창업주들의 가치와 신념이 현재의 조직문화에 어떻게 영향을 미치고 있는가를 생각해 보면 이해가 좀더 쉽게 될 것이다.

　　샤인은 이를 '암묵적 기본가정_{basic underlying assumptions}'이라고 불렀는데, 이것이 구성원들의 생각과 행동 양식에 가장 큰 영향을 미치는 조직문화의 핵심이다.

정리하면, 조직문화는 구성원들이 과거에 경험한 기억들의 맥락적 실재 _{contextual reality}이다. 그리고 이 기억들의 맥락은 세 가지 요소, 즉 '인공물_{artifacts}', '공표한 추구 가치와 믿음_{espoused values and beliefs}', '암묵적 기본가정_{basic underlying assumptions}' 등에 의해 형성된다.

그리고 조직문화 특성의 강도는 이 세 가지 요소들 상호간에 얼마나 일관되고 강하게 연결되어 있느냐에 달려 있는데, 이들 중에서 가장 영향력이 큰 것이 바로 '암묵적 기본 가정'이다.

결론적으로 조직문화를 변화시키기 위해서는 DNA를 편집하는 것처럼 구성원들의 기억과 감정에 자리잡고 있는 맥락_{context}의 체인을 끊거나 새로운 것으로 교체해야 한다.

즉 조직문화를 변화시킨다는 것은 '원하는 조직문화를 만들기 위해서 맥락의 핵심 체인을 찾아내어 적합한 것으로 교체하고, 이 새로운 체인이 잘 연결될 수 있도록 강한 화력으로 인내를 가지고 정교하게 오랜 시간 동안 용접을 하는 것'과 같다.

그리고, 피인수 기업의 조직문화에 대해 접근할 때 주의해야 할 점은 인수 기업의 문화를 무조건 적용하거나 이식하려는 시도이다. 이것은 맥락이 다른 인수 기업의 조직문화를 피인수 기업에 강요하는 것은 서로 다른 혈액형을 주입시키는 행위와 같다.

양사의 조직문화는 서로 독립적인 것으로 인정되어야 하며, 서로 섞거나 일방적으로 인수 기업의 기업문화를 강요하는 것은 매우 위험한 일이다.

라이프사이클이 긴 화학업체의 조직문화를 스피드가 핵심인 반도체나 전자 업종에 이식하려는 시도는 모양과 특성이 다른 체인의 일부를 교체, 연결하려는 것과 같다.

이러한 시도는 글로벌 M&A의 경우 더욱 위험한 일인데, 한국의 '빨리 빨리'문화를 해외기업의 구성원들에게 강요하는 것은 갈등과 저항을 불러일으킬 것이다.

조직문화는 그 기업이 속한 사회적·산업적 특성에 의해 영향을 받으면서 형성된다. 따라서 피인수 기업의 특성으로부터 출발하여 지속적 생존과 성장에 필요한 조직문화가 무엇인지를 정의하는 것이 바람직하다. 그리고 이런 과정에서 인수 기업의 조직문화는 단지 참고로만 활용될 수 있을 뿐이다.

한실장은 상당한 시간을 투자하여 PMI 6영역들의 기본개념을 요약정리하면서, 다음 단계에 진행될 PMI 영역별 현상 파악과 이슈 도출을 위한 질문내용을 좀더 구체화시킬 수 있었다. 그리고 또한 이러한 기본개념은 나중에 현상을 파악하고 도출된 이슈에 대한 개선 방향과 추진계획을 수립하는데도 활용될 것이다.

II. PMI 영역별 이슈를 파악하여 추진과제를 도출하고, 우선순위를 정하라.

PMI 활동은 통상적인 경영활동과는 다르다. 변화가 필요할 경우 강한 추진 에너지를 가지고 주어진 시간 내에 성과와 변화의 구조를 만들어 내야 하기 때문에 가치창출 기회가 큰 소수의 핵심과제를 찾아내어 이에 집중해야 한다.

한실장은 PMI 영역별 이슈를 파악하여 추진과제를 도출하고, 우선순위를 정하는 과정은 통합의 범위와 속도, 그리고 인수 기업의 역할(지원 혹은 개입 여부와 정도)을 명확하게 결정하는 일이라는 것을 잘 알고 있다.

그리고 PMI추진 범위와 과제를 도출하는데 있어서 한실장의 절제된 통찰력이 무엇보다도 중요하다. 과도한 욕심을 부리지 말고, 상황을 객관적으로 볼 수 있도록 의도적인 노력을 해야한다. 그리고 필요하다면, 'A사는 설비투자비만 지원해주고, B사의 경영에 일체 개입을 하지 말아야 합니다'라고 주장할 수도 있어야 한다.

이를 위해서는 정확하게 현상을 파악하고 핵심 이슈를 도출하는 것은 매우 중요하다.

그럼, 어떻게 현상을 파악하고 핵심 이슈를 찾아 낼 것인가? 데이터 분석으로는 한계가 있다. 데이터 뒤에 숨겨진 이야기를 모르기 때문이다. 이 숨겨진 이야기는 그 산업에서 오랜 기간 동안 지식과 경험을 축적한 사람들만이 알 수 있다.

그런데 한 기업 내에서도 사람마다 경험한 업무내용이 달라서 관점도 다르기 때문에, 스토리의 완성도를 높이기 위해서는 다양한 계층과 단위조직의 생각과 의견을 들어보는 것이 필요하다.

이러한 의견을 수집하는 방식에는 토론, 브레인스토밍, 설문조사, 그룹인터뷰, 개별 인터뷰 등이 있지만, 아직은 양사 서로가 경계하는 단계이므로 다수가 모인 공개적인 자리에서 자유롭게 이야기를 하는 방식은 적합하지 않다고 한실장은 생각했다.

그래서 한실장은 B사의 이슈를 정확하게 파악하기 위해서 시간은 더 소요가 되겠지만, 임원과 팀장, 그리고 핵심인력을 대상으로 진행되는 개별 인터뷰를 하기로 결정했다. 좀더 솔직한 이야기를 듣기 위해서는 한실장 혼자서 인터뷰를 진행하기로 했고, 소요시간은 한 사람당 1.5시간 정도를 예상했다.

한실장은 B사의 박본부장에게 인터뷰 취지를 자세히 설명하고, 대상자별 시간을 정해서 알려달라고 요청했다. 그리고 인터뷰 장소는 대상자가 심리적으로 편안한 곳으로 정하고, 가능한 한 1주 내에 완료하고 싶다고 덧붙였다.

인터뷰는 PMI추진 방향과 과제를 정하기 위해 진단하는 것이다. 즉 의사가 환자에게 증상을 묻고 확인하면서 진찰을 하는 것과 같다.

의사는 풍부한 의학적 지식과 경험을 가지고 환자에게 제대로 된 질문을 하고, 환자가 대답하는 증상을 제대로 이해할 수 있어야만 정확한 진단을 할 수 있다. 정확한 진단이 이루어지지 않으면 엉뚱한 처방과 수술로 환자는 쓸데없는 고생을 하거나 몸을 더 망치게 된다.

한실장은 PMI 6개 영역을 기본으로 PMI를 본격적으로 시작하기 전에 생각했던 가설과 일반적인 내용들로 구성된 사전 인터뷰 질문지$_{questionnaire}$를 간단하게 작성하였다. 그리고 박본부장에게 메일로 송부하고, 대상자에게 질문에 대한 생각을 할 수 있는 시간을 주기 위해서 사전 배포를 요청했다.

PMI 6영역	질문 항목
비전과 사업전략	• 현재와 향후 주력제품의 경쟁 상황은 어떠하며, 어떻게 될 것이라 생각하는가? • 귀사가 향후에도 계속 성장(혹은 약화)하리라 생각하는가? 그 이유는? • 귀사가 향후에도 계속 성장하기 위해서 단·중기적으로 무엇을 해야 하는가? 　(핵심 역량·인력 관리, 조직문화 변화, 조직구조·인력구성, 운영시스템 측면) • 지속적 생존과 성장을 위해서, 해외시장 확장을 언제 어떤 방식으로 추진해야 하며, 타겟 국가는 어디이며, 그 이유는 무엇인가? • 전방산업으로 사업을 확장한다면 성공 가능성은 있는가? 장애요인과 리스크는 무엇인가?
리스크	• 귀하의 소속 조직의 업무에서 현재 우려되는 리스크는 무엇인가? 　(환경, 재무, 비즈니스 측면) • 리스크를 해결하기 위한 방법은 무엇이며, 장애요인은?
핵심 역량과 인력	• 귀사의 현재와 미래 사업 성공에 있어서 핵심역량은 무엇인가? • 그 핵심역량을 누가 가지고 있는가? • 핵심역량을 어떻게 관리하고 있는가? • 기존의 핵심기술을 활용하면 새로운 유망 용도를 발굴할 수 있는가? 　있다면, 혹시 이에 대한 아이디어는 있는가?
조직구조 및 인력운영	• 현재의 조직구조가 금년·내년도 목표달성을 위해 적절한가? 개선점은? • 금년·내년도 목표달성을 위해 현재의 인력 구성이 양적, 질적으로 적합한가? 　그리고 전사 관점에서 인력배치 최적화를 위한 방안은?
운영시스템	• 지속적 생존과 성장을 위해 현재의 운영시스템에서 개선이 필요한 것은 무엇인가? 　그리고 어떻게 개선되어야 하는가? • 성공적인 해외시장 확장과 신규 용도 발굴을 위해 무엇이 바뀌어야 하는가? 　(조직구조와 인력, 운영시스템, 조직문화 측면)
기업문화	• 현재 귀사의 기업문화를 한마디로 말하면 어떻게 표현할 수 있는가? • 현재의 조직문화는 향후 귀사가 성장하는데 있어서 적합한가? 개선점은?

사실 질문 항목들이 조금은 포괄적이지만 서로 대화를 하는 과정에서 주요 내용에 대해서는 자연스럽게 상세한 질문과 답변들이 오고 갈 것이다. 이러한 인터뷰 내용의 깊이 조정을 제대로 하기 위해서는 PMI의 6개 영역(의사의 의학적 지식과 경험)과 B사의 현황(환자의 증상)을 통합적인 관점에서 이해할 수

있어야 한다.

이를 위해 한실장은 PMI 사전준비 때 분석한 데이터와 가설, 그리고 실사due diligence 내용, PMI비전팀의 첫 워크숍 때 도출한 이슈 사항들을 전체적으로 종합하고, 질문서의 질문 항목별 주요 이슈 사항들을 정리하면서 만반의 준비를 했다.

드디어 인터뷰가 시작되었다. 일주일간 총 20명을 진행하기로 되어 있으니 강행군이다. 혼자서 인터뷰를 진행하기 때문에 1인 다역을 해야하니 더욱 그럴 것이다. 주어진 시간 내에 질문의 깊이를 조정해 가면서 이야기 도중에 간단하게 메모하고, 인터뷰 사이에는 내용을 잊어버리기 전에 정리까지 해야하니 말이다. 더군다나 질문항목들 간의 내용을 종합적인 시각에서 고민하고 질문해야 하기 때문에 상당한 집중이 필요한 일이다.

인터뷰는 시작 5분이 중요하다. 이 5분이 전체적인 인터뷰의 양과 질을 결정한다. 이를 위해서는 상대방interviewee의 긴장을 이완시키고 최대한 솔직하게 많은 이야기를 할 수 있도록 분위기를 만드는 아이스 브레이킹icebreaking을 제대로 해야한다.

인터뷰가 진행될수록 한실장의 머리는 더욱 바빠졌다. 이전 인터뷰 내용을 참고하면서 질문의 내용이 좀더 구체화되어져야 하고, 점점 더 복잡해져 가기 때문이다.

인터뷰는 순조롭게 진행되었다. 한실장은 인터뷰 내용이 충분하지 않거나, 추가 확인 질문이 필요하다고 느낄 때는 저녁식사 약속 등 별도의 시간을 통해 보완하기도 했다.

한실장은 모든 인터뷰를 마치고 5일간에 걸쳐서 인터뷰 내용들을 정리한 후 핵심 이슈들을 다음과 같이 요약 정리했다.

PMI 6영역	주요 이슈들 (인터뷰 결과)
비전과 사업전략	• 신속한 글로벌 사업 확대 필요 : 중국 현지공장 설립, 유럽지역 사업 강화 • 기존 기술을 활용한 신규 용도발굴활동 강화 필요 • 가치 체인 확대 : 원료사업 진출 검토 필요
리스크	• 주요 고객 구매량 급감 우려 (by 고객의 공급처 다변화방침) • 안전환경 리스크 높음 : ○○사업장 화재·폭발시 대형사고 우려
핵심 역량과 인력	• 핵심역량 : 축적된 개발기술 데이터 관리와 활용이 미흡 • 핵심인력 : ○○사업 개발 연구원 이탈 우려 (스카우트 제의 많음)
조직구조 및 인력운영	• 사업부문 연구소들 간 기술 융합시 새로운 기회 창출 가능(조직 통합) • ○○사업 유럽 판매조직 신설 및 영업사원 충원을 통한 마케팅력 강화 • 신규 제품·용도 발굴 전담조직 신설 필요
운영시스템	• 신규 제품·용도 아이디어 발굴 및 추진 강화 체계 필요 • 글로벌 확대를 위한 사명 변경필요(기존 사명은 글로벌 인지도 미약) • 재고가 너무 많아 창고 여유가 부족하고 불용재고 발생가능성 높음 • 현재의 사업단위 인센티브 시스템은 개인별 동기부여가 안됨 • 교육훈련 프로그램이 미흡 : 현재는 리더십·계층교육 중심으로 구성
기업문화	• 유지 : 가족적 문화 (분위기가 편안하고, 구성원들간 관계가 좋음) • 강화 : 도전, 협업, 애자일 문화 (신속한 신규 제품·용도 개발)

　　핵심 이슈들에 대한 현상파악과 개선방향에 대한 의견도 인터뷰 과정 중에 개략적으로 파악하기 하였지만, 인터뷰 결과를 정리하여 B사의 비전팀 멤버들과 다시 한번 명확하게 현상을 파악하고 개선방향을 도출할 계획이다.

　　물론 사전에 B사의 사장님에게 인터뷰결과를 간단하게 보고해야 한다. 그리고 비전팀의 양사 PMI 실무리더인 B사 박본부장과 A사 안팀장에게도 별도로 설명하고 의견을 구할 것이다.

　　한실장은 PMI비전팀 전체 워크숍을 실시하기 전에 박본부장과 안팀장을 만나 인터뷰 결과와 도출한 핵심 이슈들에 대해서 자세하게 설명했다. B사의 박본부장은 인터뷰 결과에 대해 대체로 수긍하였지만, 도출한 핵심 이슈들 일부에 대해서는 약간 다른 생각을 가지고 있었다.

　　어쨌든, 다음 주에 PMI비전팀 1박 2일 외부 워크숍 때 모두 모여서 충분한 토의를 통해 결정하기로 하였다.

PMI추진 실적과 계획에 대해 공유를 하기 위해 매주 짧게 모였었지만, 멤버들 모두 이렇게 모인 것은 거의 3주만이다. 역시 외부로 나오면 뭔지 모를 해방감을 느끼게 한다. 아마도 일상적인 업무와 회사에서 멀리 떨어져 있다는 것 자체만으로도 자유로운 느낌을 가지게 하는 것 같다. 가방을 하나씩 들고 교육장에 들어오면서 서로 인사를 하는 비전팀 멤버들의 얼굴들이 꽤 밝아 보인다.

모두가 정해진 자리에 앉고 분위기가 안정되자 한실장은 먼저 워크숍 주제를 소개하고, '추진 계획표_{work plan}'를 보면서 지금까지의 추진 경과를 간략하게 설명했다.

- 추진 경과_Workplan
- PMI 6영역에 대한 이해
- PMI 6영역별 인터뷰 결과
- 도출 이슈(초안) 설명 및 검토
- 핵심 추진과제 도출 및 우선순위
- 현상파악 방법
- 향후 일정계획_Workplan

그리고 난 뒤, PMI 6영역에 대해 4시간에 걸쳐 최대한 자세하게 설명했다. 멤버들이 PMI 각 영역들과 영역들 간의 관계를 정확하게 이해를 해야만 나중에 각자에게 배분될 PMI추진 과제들에 대한 현상 파악과 개선방안을 제대로 도출할 수 있기 때문이다.

계속 이어서 B사 인터뷰 결과와 이를 바탕으로 도출된 주요 이슈 초안을 설명한 한실장은 호흡을 가다듬고 차분한 어조로 말을 이어갔다.

"인터뷰 결과를 바탕으로 제 개인적인 판단으로 주요 이슈들을 도출했습니다만, 아직 B사에 대한 저의 지식과 이해가 부족하여 틀릴 수가 있습니다. 그래서 여기 도출된 이슈들이 과연 적절하게 선정 되었는지를 먼저 검토해 주시고, 우선순위를 평가해 주시길 바랍니다.”

도출된 이슈들 하나하나에 대해 B사 멤버들 중심의 심도 깊은 토의를 통해 몇 개의 이슈들은 삭제 혹은 통폐합되거나, 좀더 구체화되었다.

예를 들면, ‘가치체인 확대를 위한 원료사업 진출 검토’ 이슈는 삭제하기로 했다. 작년에도 이를 검토해 봤지만 시장 자체가 그리 매력적이지 않아 포기한 아이디어라고 했다.

투자금액 자체도 너무 큰데다가 영업이익률이 5~7% 정도에 불과하고, B사가 신규 진입시 가격경쟁으로 수익률은 이보다 더 악화될 것이라는 예측이었다. 또한 시장 성장률도 높지 않아 차라리 기존 사업 확장에 집중하는 것이 더 적절하다고 당시에 판단했었다고 한다.

그리고 ‘유럽지역의 사업 강화’는 필요하나, 현재 유럽시장에서 B사의 브랜드 포지션과 시장규모, 경쟁상황을 고려할 때 별도 조직을 구성해서 추진할 만큼 시급하고 매력적이지는 않다고 했다. 대신, 중국시장에 우선 집중하여 경쟁역량을 확보한 후 이를 기반으로 유럽지역에 본격 진출하는 것이 좋겠다는 생각들이었다.

하지만 미래를 위해 우선 정보수집 차원에서 현재의 해외영업부에 유럽 마케팅 전담인력 1명을 충원하는 것은 필요하다는 의견들이 제시되었다.

이렇게 장시간의 토론을 통해 몇 개의 이슈들은 삭제, 통합되거나 조금 더 구체화되었다. 그리고 토론 말미에는 A사 멤버들의 의견이 추가되었다. 주로 A사가 가지고 있는 베스트 프랙티스best practice를 B사에 이전하자는 내용들이었다.

그 중에 하나가 현재 A사에서 운영하고 있는 문서화된 경영시스템을 B사에도 도입하자는 의견이었는데, A사 안팀장이 이에 대해 간단하게 소개했다.

“이 문서화된 경영시스템은 현재 A사 구성원들간 효과적이고 효율적인 커뮤니케이션을 하는데 있어 실질적인 도움을 주고 있습니다.

그리고 또한 기능 업무별 일하는 방식에 대한 가이드를 제공함으로써 현재 담당업무 혹은 변경 업무를 성공적으로 수행하기 위해 무엇을 학습하고 경험해야 하는지에 대해 한 눈에 이해할 수 있는 장점이 있습니다. 어느 분야에 전문가가 되기 위해서 내가 무엇을 공부하고 경험해야 하는지를 알 수 있는 것이죠.

현재 문서화되어 있는 A사의 경영시스템은 경영철학과 실행원리, 그리고 실천시스템으로 구성되어 있는데, 과거에 A사가 해외시장에 진출할 때도 이 문서화된 경영시스템이 큰 도움이 되었습니다.

이렇게 체계화된 시스템을 가지고 있다는 것 자체가 글로벌 기업으로서 상징성이 있었고, 현지인들에게도 괜찮은 기업의 일원이라는 소속에 대한 자부심을 느끼게 하는데 중요한 역할을 하였습니다. 마찬가지로 향후 B사가 해외사업장을 운영할 때도 큰 도움이 될 것이라고 생각합니다."

물론 A사의 시스템을 B사에 적합하게 커스터마이제이션$_{customization}$이 필요하겠지만, 이것은 괜찮은 생각이다.

과거 A사가 미국에 진출할 때도 현지인들이 A사에 대해 가장 큰 매력을 느낀 것이 바로 이 '문서화된 경영시스템'이었다. 사실 과거에는 미국 현지인들이 한국기업을 볼 때 기업경영의 역사 측면에서 그리 썩 매력적인 기업은 아니었다.

그런데 이 문서화된 경영시스템은 현지인들에게도 A사가 괜찮은 기업이라는 매우 긍정적인 느낌을 주었다. 이후에도 내용이 계속 업데이트되면서 사업 및 마케팅 전략, 개발, 판매, 생산 프로세스와 방법에 대한 토론을 할 때 기준자료로 활용되었으며 효율적인 커뮤니케이션을 하는데 큰 역할을 했다.

한실장은 A사의 경영시스템에 대해 개략적으로 소개하기 위해, A사의 미국 현지법인 AA사의 사업과 환경에 맞게 재구성한 경영시스템의 사례를 급히 찾아 슬라이드로 띄우고, 전체적인 구조(다음 그림)와 구성 내용에 대해 간략하게 소개했다.

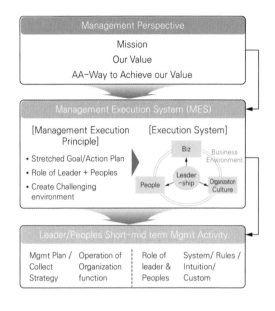

- Mission : Contribute to
  the development of society /
  business development &
  happiness through core role
- Our Value : Happiness of its stakeholders
- AA's Way to Achieve our Value :
  Pursue higher target through
  human-oriented managemen

"Role of MES, Lead, Help, Check accordingly to
「Biz.」「People's happiness」「Organization
Culture」
so the short & long term direction can be
linked and combined"

A사에서 제안한 두 번째 아이디어는 양사 간에 서로 가지고 있지 않거나 약한 기능을 공유는 셰어드서비스shared service를 운영하자는 아이디어였다.

A사의 조직규모가 B사보다 훨씬 크기 때문에 사실 이 아이디어는 A사가 B사에 도움을 줄 사항이 대부분일 것이다. 하지만 이를 통해 B사에 실질적으로 도움이 되는 것은 물론, 양사 간의 연대감, 소속감을 높이고 M&A에 대한 긍정적 이미지를 심어주는데 도움이 될 것이다.

그리고 마지막으로 공동구매에 대한 아이디어도 나왔는데, 서로 상이한 제품특성으로 효과는 그리 크지 않겠지만 즉각적인 성과quick win를 낼 수 있어 협업에 대한 상징적 의미는 있다고 생각했다.

상당히 오랜 시간 활발한 토론을 거쳐서 최종적으로 도출된 주요 과제들을 다음과 같이 정리하고, 각각의 과제들에 대해 '시급성'과 '중요성'이라는 두 가지 기준을 가지고 우선순위를 평가하였다.

색 번호가 중요하고 시급한 과제들인데, 이 중에서 먼저 리스크 과제들에 집중하고, 다음으로 재무성과에 직접적으로 영향을 미치면서 실행이 용이한 과제 순으로 중점을 두기로 했다.

PMI 6영역	주요 과제들(PMI 비전팀 검토 후)
비전과 사업전략	① 중국 현지공장 설립 ② 유럽지역 사업확장 전략 수립 ③ 신규 유망사업 발굴
리스크	④ 주요 고객들과의 파트너십 강화 ⑤ 중대 안전환경 리스크 최소화 (특히 oo사업장 화재·폭발)
핵심 역량과 인력	⑥ 개발기술 데이터 관리 및 활용 ⑦ 요소기술 관리 ⑧ 연구원동기부여
조직구조 및 인력운영	⑨ 사업부문 연구소들 간 기술 융합을 위한 조직 통합 ⑩ oo사업 유럽 전담사원 충원 ⑪ DT_{Digital Transformation}추진조직 신설
운영시스템	⑫ 문서화된 경영시스템 도입 ⑬ 셰어드서비스_{shared service}체계 운영 ⑭ 신규 제품·용도 아이디어 발굴 및 선정 ⑮ 글로벌 사업확대를 위한 상호·상표 변경 ⑯ 완제품 재고 최적화 ⑰ KPI 평가·포상 시스템 개선 ⑱ 직무중심의 교육훈련 프로그램 강화 ⑲ 통합 구매
기업문화	⑳ 도전, 협업, 애자일 문화 강화(based on 가족적 문화)

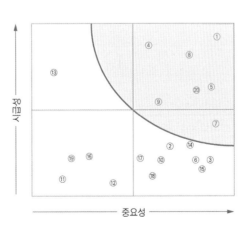

우선순위 평가를 하고 난 뒤, 각 과제 별로 담당자들을 선정하여 현상파악을 실시하고, 현상파악이 필요하지 않은 이슈들에 대해서는 곧바로 해결방안을 수립하도록 했다.

그리고 '현상파악'과 '해결방안 수립' 방법에 대해서는 다음 주 PMI비전팀 주간회의시 설명해 주기로 하고, 신속한 진행을 위해 우선 그동안 관련 자료를 수집해 줄 것을 당부했다.

워크숍이 끝나갈 무렵 ①, ②, ③번을 담당한 한 멤버가 질문했다. 과연 '사업전략' 관련한 과제들을 PMI비전팀 자체적으로 진행하는 것이 효과적인지, 그리고 내부적으로 진행한다면 과연 결과물에 대한 권위와 설득력을 가질 수 있을지에 대한 문제제기였다.

한실장은 고민했다. 사실 '사업전략' 수립은 컨설팅업체를 활용해서 진행하면 분명 장점이 있다. 그들이 가지고 있는 방대한 데이터베이스와 글로벌 네트워크를 바탕으로 조금 더 체계적으로 분석할 수 있고, 경영층에 제3자로서의 설득력과 강제력을 높일 수 있다.

반면에 컨설턴트들은 숫자 뒤에 숨어있는 통찰력을 가질 수 없기 때문에 B사 경영진들이 모두 알고 있는 사실들을 반복하거나, B사 경영진들이 직관적으로 느끼는 것과 다른 이론적 제안을 할 수 있는 리스크도 있다. 이럴 경우, B사 입장에서는 외부 컨설팅 결과에 대한 불만을 가질 수 있으며, 실행단계에서도 적극적인 실행력이 약화될 수 있다.

한실장은 이것은 비전팀에서 결정할 성질의 것이 아니고, B사의 사장과 PMI운영위원회 임원들이 결정할 문제라고 생각했다. 그래서 박본부장과 함께 사장님께 워크숍 결과를 보고할 때 이 문제도 같이 거론하기로 했다.

워크숍 결과를 보고받은 B사 사장은 다른 이슈들에 대해서는 대체로 수긍하였으나, 'B사의 사업전략' 전반에 대해 외부 컨설팅을 받는 것에 대해서는 부정적이었다.

B사 사장의 코멘트는 다음과 같았다.

"중국공장 설립, 유럽지역 사업전략, 신규사업 추진에 대해서는 오랫동안 검토를 해 왔었습니다. 중국 현지공장 진출은 내부적으로도 결정했고, 지금 단계에서 유럽지역의 사업 확장은 생각해 볼 문제입니다.

사실 유럽에는 기존의 토종 브랜드들이 워낙 강하게 자리잡고 있어서 확장을 하기가 쉽지 않습니다. 그래서 당분간은 중국 사업에 집중하고, 내부역량이 축적되고 난 뒤 본격적으로 공략하는 것이 맞습니다.

그리고 전반적인 성장전략에 대한 외부 컨설팅은 일단 보류하는 것이 좋겠습니다. 과거에도 컨설팅을 받은 적이 있는데, 결과가 그리 만족스럽지 못했습니다. B사의 기술이나 사업자체가 일반적인 분야가 아니라서 한계가 있었던 것 같습니다.

그래서 PMI비전팀 자체적으로 성장전략을 수립하는 것이 더 실질적이라고 생각합니다."

이 정도 확고한 생각과 계획을 가지고 있다면, 설득을 할 단계가 지났다고 판단한 한실장은 인사를 하고 방을 나왔다.

며칠 후, PMI 운영위원회 임원들에게도 워크숍 결과와 B사 사장의 코멘트 내용을 전달했다. B사 임원들은 충분히 이에 동의하는 표정이었지만, A사의 PMI 위원회 임원들은 생각이 좀 복잡해진 것 같았다.

컨설팅업체를 통해 A사의 성장전략을 원점에서 검토하여 사업과 제품, 고객 포트폴리오를 혁신하고 싶은 생각을 가지고 있었는데, 만약 자체적으로 추진하게 되면 기존과 다른 큰 변화를 기대하기 힘들 것이라는 우려 때문인 듯했다.

한실장은 컨설팅업체를 활용하는 것이 시장분석과정에서 체계화된 많은 정보를 얻을 수 있다는 점에서는 도움이 되겠지만, 사실 최종 제안내용이 과연 B사 경영진들에게 얼마나 설득력을 가질 수 있을지는 모를 일이라고 생각했다.

만약 최종 컨설팅 결과물에 대한 B사 경영진들의 평가가 만족스럽지 못할 경우, 실행단계에서 흐지부지되거나 제대로 추진되지 않을 가능성이 높다.

이렇게 되는 것보다는 차라리 비전팀 자체적으로 진행하는 것이 사업전략의 설계내용이 화려하지는 않지만 실행력은 높일 수 있을 것이다.

어쨌든, A사 위원회 임원들이 A사 사장에게 이러한 의견에 대해 보고하여 최종 결정을 하기로 하였다. 사실 A사 사장이 외부 컨설팅에 대한 절대적인 믿음을 가지고 있지 않는 한, B사 경영진들의 반대를 무시하고 이를 강행하는 것은 쉽지가 않을 것이다.

A사 사장 보고결과는 예상대로였는데, 일단 PMI비전팀 자체적으로 진행하되 최종 보고서를 보고 그때 다시 외부 컨설팅 여부에 대해 논의해 보라는 피드백이었다. 그리고 '비전과 사업전략' 수립시 중국 현지공장 설립, 유럽지역 사업확장 등으로만 범위를 한정하지 말고, 성장을 위한 사업전략 전반에 걸쳐 검토를 해보라는 지시가 있었다.

결국 B사 경영진들의 의견을 조건부로 수용한 셈이지만, 결과적으로 PMI 활동에 힘을 더 실어준 셈이 되었고, PMI 성과에 대한 B사 사장과 PMI비전팀의 심리적 부담도 더욱 커지게 되었다.

III. 도출된 실행과제에 대한 현상을 파악하고 해결방안을 설계하라.

워크숍 후 첫 비전팀 주간미팅에서 그동안 추가로 진행된 상황에 대해 설명하고, 워크숍 때 약속한 대로 현상파악과 해결방안 수립방법에 대한 설명을 시작했다.

"현상 파악을 어떤 관점과 방법으로 할 것인가 하는 것은 대단히 중요하며, 가능한 한 최대한 구체적으로 현상을 조사, 분석해야만 좀더 실질적인 해결방안이 나올 수 있습니다.

지금부터 설명할 추진과제별 현상파악과 해결방안 포인트_{point}, 작성양식_{tem-}

~plate~들은 참고로 활용하시고, 담당 과제의 성격에 따라 자유롭게 변형, 삭제, 추가하여 활용하시면 되겠습니다."

한실장은 ①~⑳번 과제들 각각에 대한 현상파악과 해결방안 설계 포인트에 대해서 다음 표의 내용을 중심으로 가능한 한 자세하게 설명했다.

PMI 6영역	주요 실행과제	현상파악 포인트	해결방안 설계 포인트
비전과 사업전략	비전과 성장전략 수립 ① 중국 현지공장 설립 ② 유럽지역 사업확장 전략 수립 ③ 신규 유망사업 발굴	• 현재 사업포트폴리오의 재무 실적/추정 • SWOT 분석 　– 외부환경 : 위협 및 기회 　– 내부역량 : 강점 및 약점	• 성장전략 옵션 도출 및 분석·선택 　– 제품/용도 확대 : 기존 및 신규 용도 　– Global 확대 : 지역별 수요 및 산업구조분석 　– 가치체인 확대 : 전후방 산업 매력도 분석
리스크	④ 주요 고객들과의 파트너십 강화	• 주요 고객들의 현황/이슈, 요구/기대 사항 　– 명시적 가치, 숨겨진 가치 파악	• 고객가치 설계 : 전략 캔버스 (ERRC), • 고객가치 구현 : 품질기능전개 (QFD)
	⑤ 안전환경 중대 리스크 최소화 (특히 ∞사업장 화재/폭발 사고)	• 위험성 평가(진단) 및 우선순위 선정 　– 화재, 폭발, 누출 사고	• 개선방안 및 예상 투자비 　– 설비, 시설, 시스템 보완
핵심 역량과 인력	⑥ 개발기술 데이터 관리 및 활용	• 데이터 생성, 저장, 활용 현황	• 실험 데이터 생성, 검색, 분석, 공유 방법 개선방안
	⑦ 요소기술 관리	• 요소기술 정의 및 보유현황	• 기술 확보 및 강화 방안(환경조성 프로그램)
	⑧ 연구원 동기부여	• 요구 및 기대 사항 파악	• 동기부여 방안 및 예상 소요 비용
조직구조 및 인력운영	⑨ 사업부문 연구소 들간 기술 융합을 위한 조직 통합	• 기존 연구소 조직구조의 한계점	• 개선 조직구조 및 운영방안 : 2~4개 옵션 도출
	⑩ ∞사업 유럽 전담사원 충원	• 유럽사업 현황 분석 : 산업구조분석 및 실적	• 충원 필요 여부, 역할 및 자격 조건
	⑪ DT~Digital Transformation~추진조직 신설	• 기존 IT시스템의 구조 및 관계 파악 • 현재 발생 데이터 상세 조사	• DT추진 필요성 및 추진 계획 • DT조직의 역할 정의 및 조직 구성안

운영시스템	⑫ 문서화된 경영시스템 도입	• 기존 경영시스템(ISO 등)의 구성요소, 도입 목적, 유용성 및 한계 점파악	• 통합경영시스템의 구조 및 구성 요소 정의 • 추진계획 (담당조직, 일정 등)
	⑬ 셰어드서비스shared service체계 운영	–	• 필요 서비스 내용 정의 및 담당자
	⑭ 신규 제품·용도 아이디어 발굴 및 선정	• 기존 아이디어 발굴· 선정 방식 및 실적	• 유망 아이디어 발굴 및 선정 프 로세스/방법
	⑮ 글로벌 사업확대를 위한 상호 ·상표 변경	• 상표 현황 및 권리, 브랜드이미지	• 상호/상표 전략, 비용(브랜드 로 열티)
	⑯ 완제품 재고 최적화	• 재고분석: 에이징 건 전성 판매vs재고 추이	• 불용재고처리방안, 안전재고수 준 및 관리방안
	⑰ KPI 평가·포상 시스템 개선	• 평가/포상 현황 및 개 인별 동기부여 효과	• 개인별 동기부여를 위한 평가· 포상 제도 설계
	⑱ 직무중심의 교육훈련 프로그 램 강화	• 교육프로그램 현황 및 적합도, 만족도	• 필요 직무역량 교육프로그램 도 출 및 구성내용
	⑲ 통합구매	• 양사 공통 구매품목 현황(단가/량/제조사)	• 구매전략 : 통합구매, 구매처 변경, 협상(가격인하)
기업문화	⑳ 도전, 협업, 애자일 문화 강화 (based on 가족적 문화)	• 현재 및 지향 기업/조 직 문화 진단 및 분석 – 진단 모델 설문조 사 및 그룹인터뷰	• 지향 기업/조직문화 구축 프로 그램 개발 – 강화/약화/신규 규정, 제도, 프로세스 도출

「비전과 사업전략」 영역 : 비전과 성장전략 수립(①~③번 과제 포함)

"전번 워크숍에서도 설명 드렸습니다만, 비전은 5년~10년 후 B사의 미래 모습을 구체적으로 표현한 것입니다. 비전의 역할은 구성원들에게 회사의 방향 성과 목표를 명확하게 제시함으로써 구성원들의 참여와 의욕을 고취시켜서 분 산된 역량을 결집시키자는데 있습니다.

그래서 내용은 간결하고 구성원들이 쉽게 이해할 수 있어야 하며 실현가 능하도록 구성되어야 합니다.

예를 들면 과거 스타벅스가 "2000년까지 2,000개의 점포를 오픈하자"라든 가, NASA가 "1960년대가 가기 전에 인간을 달로 보낸다"라는 것들이죠. 물론

이 비전은 경영층의 의지와 구성원들의 공감대가 있어야 하기 때문에, 이 과제 담당자가 아이디어를 내면 계층별 토론을 통해 보완하는 과정을 거치는 것이 바람직합니다.

다음으로 '성장전략'에 대해 말씀드리겠습니다. 사실 전번 인터뷰와 비전 팀 워크숍에서 성장을 위한 아이디어로 중국현지공장설립, 유럽지역 사업확장, 신규 유망사업 발굴 등 3개가 도출되었습니다. 하지만 운영위원회와 CEO에게 보고하는 과정에서 이를 포함한 성장전략 전반에 대해 고민을 해 보라는 지시가 있어서 과제의 범위를 넓히게 되었습니다.

성장전략을 수립할 때 가장 먼저 해야 할 일이 현상분석인데, 이것은 현재의 손익 포트폴리오를 구성하고 있는 사업들에 대한 과거와 미래의 손익흐름을 파악하는 것입니다. 분석을 할때 제품, 용도, 지역 등 목적에 적합하고 다양한 기준들을 선정, 조합할 수 있습니다.

이 분석으로부터 향후 지속적인 생존과 성장과 관련된 기회opportunity와 위협threat 요소를 개략적으로 추론할 수 있습니다. 그리고 B사가 가지고 있는 강점strength과 약점weakness을 파악함으로써, 강점을 더욱 강화하고 약점을 보완하기 위하여 언제까지 무엇을 해야 할지에 대한 아이디어를 얻을 수 있을 것입니다.

이러한 현상분석을 바탕으로 미래 성장을 위한 전략적 옵션들을 도출하게 됩니다. 이 옵션들은 다양한 관점에서 도출이 될 수 있겠습니다만, 다음 그림과 같이 전번 워크숍에서 설명한 세 가지 관점을 가지고 할 수 있습니다.

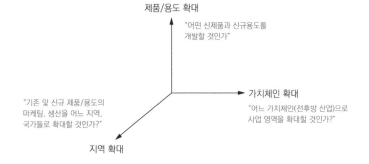

　　사실 위 3개의 축 하나하나에 대한 전략적 옵션들을 발굴, 분석, 평가하는 것이 쉽지 않습니다. 향후 분석과정에서 수시로 저하고 협의를 하겠습니다만, 먼저 전략적 옵션들을 도출하는 프로세스에 대한 충분한 이해가 필요합니다.

　　그러고 난 뒤 일단 B사의 리더들과 관련 구성원들, 그리고 외부 전문가들이 가지고 있는 자료와 아이디어들을 모두 수집하고, 유사한 아이디어들을 그룹핑 하시길 바랍니다.

　　그리고 그룹핑한 각 아이디어에 대해 시장매력도와 내부역량을 분석하고, 개략적인 투자비를 산출하여 아이디어의 타당성과 우선순위를 평가하면 되겠습니다."

　　한실장은 비전팀의 멤버들 자체적으로 성장전략을 수립하는 과정이 쉽지는 않을 것이라고 예상했다. 전략을 수립하는 프로세스와 방법에 대한 지식과 경험이 부족하고, 관련 데이터베이스와 전문가 네트워크도 충분하지 않기 때문에 다양한 정보수집 측면에서 분명 한계가 있을 것이다.

　　하지만 적어도 B사의 사업전략에 대해 통찰력있는 내외부 전문가들의 아이디어를 모두 모으는 것만으로도 의미가 있다. 어쩌면 그 속에서 '진주'를 발견할지도 모를 일이다.

　　그리고 최종 결과물을 보고 필요하다면 외부 전문컨설팅을 받기로 했기 때문에 B사의 CEO와 임원들도 유망 아이디어를 취합, 발굴하는데 최선을 다해 지원할 것이고, 실행에 대한 책임감도 더 강하게 느낄 것이다.

　　어쨌든 PMI 활동의 핵심은 '비전과 사업전략' 과제이다. 최선의 결과물을 내기 위해서 한실장도 조사와 분석과정에 적극적으로 참여해야 한다고 생각했다.

　　「리스크」 영역 : ④ 주요 고객들과의 파트너십 강화

　　"이 과제가 도출된 배경을 간단하게 설명 드리겠습니다. 이번 M&A에 대해 고객들이 바라보는 시각은 대체로 무덤덤합니다만, 일부 주요 고객들은 기존의 파트너십이 변함없이 유지될 것인가에 대한 우려가 있는 것 같습니다. 이러한 우려 속에서 뭔가 문제가 발생되면 우려는 더욱 강해지고, 뭔가 고객들도 실질적인 대책을 마련하려고 행동할 수 있습니다.

그래서 M&A 계약서 서명 후 바로 일부 주요 고객들을 예방하여 변함없는 파트너십을 요청했습니다만, 이번 PMI 활동을 기회로 주요 고객들에 대해서는 좀더 체계적인 파트너십을 구축할 필요가 있는 것 같습니다."

이 과제가 도출된 배경에 대해서 간단하게 설명하고 난 뒤, 다음에는 주요 고객들 선정기준과 고객들의 주요 가치들을 도출하는 방법에 대한 설명을 이어 갔다.

"주요 고객들을 선정하는 기준에는 세 가지가 있습니다. 현재의 매출액과 영업이익, 그리고 미래의 전략적 중요도입니다. 현재 매출액이나 영업이익이 적더라도 미래의 전략적 중요도가 크다면 주요 고객으로 선정될 수 있다는 말입니다.

주요 고객을 선정하고 난 뒤에는 주요 고객들의 제품 혹은 용도별 수요와 B사의 공급율을 파악하여 어느정도 추가 공급이 가능한지 목표를 설정하게 됩니다. 그리고 추가 공급을 하는데 있어서 어떤 가치를 제공해야 하는지를 파악하기 위해 주요 고객들의 명시적 가치와 숨겨진 가치를 도출해야 합니다.

명시적 요구사항에 대해서는 연구소나 영업, QA 등에서 이미 잘 알고 있을 것입니다만, 필요한 경우 고객 인터뷰나 설문조사, 고객 워크숍을 통해 추가로 발굴할 수 있습니다.

'숨겨진 고객가치'는 산업구조 분석이나 3C 분석, 관련 외부기관 보고서, 언론기사 등의 내용들을 관련부서들과 함께 추론하여 발굴할 수 있습니다.

이렇게 수집, 발굴된 고객가치들을 다음 그림처럼 카노kano 분석에 따라 매력적 가치, 만족 가치, 불만족 가치로 우선 분류합니다.

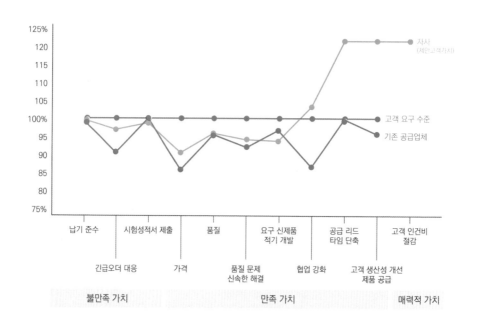

속 성	특 징
Delighters (매력적 가치)	제공하지 않더라도 불만족을 초래하지 않으나, 제공하면 고객을 크게 만족시킴.
Primary (만족 가치)	요구 사항이 충족될수록 더욱 더 만족. 즉, 10% 개선은 10%의 고객만족으로 연결됨.
Must-be (불만족 가치)	충족 요건 미달 시 매우 불만족. 그러나, 충족된다고 해서 만족을 증대 시키지 않음.
Indifferent (무관심 가치)	충족 혹은 미충족 여부가 만족 혹은 불만족에 영향을 미치지 않음.

이렇게 분류된 고객가치들을 참고하여, 최종적으로 전략캔버스 작성을 통해 고객에게 제안할 가치믹스value mix를 다음과 같이 설계하게 됩니다.

다음 단계에서는 이들 각각의 가치를 실제로 구현하고 제공하기 위한 내부 추진과제를 정의하고, 이에 대한 상세 실행계획을 수립하면 되겠습니다. 이와 관련된 양식은 나중에 별도로 배포하겠습니다."

「리스크」 영역 : ⑤ 안전환경 리스크 최소화

"최근 몇 년 전부터 안전환경에 대한 국민적 관심과 관련 법규가 점점 강화되면서, 이에 대한 리스크도 함께 커지고 있습니다. 사실 안전환경 문제를 제대로 다루기 위해서는 경영시스템, 위험성관리, 문화 등 다각적인 관점에서 접근을 해야 합니다.

하지만 이번 PMI 활동에서는 위험성관리 분야에 중점을 두고 우선 심각한 손실이 우려되는 화재, 폭발, 누출 사고에 초점을 맞추어 진행하기는 것이 좋겠습니다. 따라서 이에 대한 현상파악과 해결방안을 제시해 주시길 바랍니다.

리스크 평가를 위해서 먼저 A사와 B사의 전문가들로 안전환경 진단팀을 구성하여 현장 실사를 진행하는 것이 좋겠습니다.

현장 실사에서 발견된 리스크들 각각에 대해 다음 표처럼 '발생시 심각성'과 '발생가능성' 등 두 가지 기준으로 평가를 하고 난 뒤, 이를 제거 혹은 최소화하기 위한 방안과 필요한 '투자비용'을 고려하여 최종적으로 실행 우선순위를 선정하시면 되겠습니다."

리스크		리스크 평가(1~5)			예상 투자비	
제목	내용(현상/원인)	심각성	발생 가능성	우선 순위	제거/최소화 방안	투자비 (예상)
위험물 탱크 누출 우려	XX동에 있는 위험물 탱크 크랙의심으로 누출 우려	5	4	1	1차 방류턱 및 드레인 라인 설치하고, 탱크 구조물 진단 및 필요시 수리·교체	0.5억

1(매우 낮음), 2(낮음), 3(보통), 4(높음), 5(매우 높음)

안전환경 담당 멤버들에게도 설명한 것처럼, 안전환경 리스크를 제대로 다루기 위해서는 운영시스템, 역량, 문화 등의 관점에서 작업, 물질, 공정, 시설, 법규위반 등의 리스크를 근원적으로 제거하기 위한 활동을 해야한다. 하지만 PMI 활동기간 중에 이를 추진하기에는 물리적으로 한계가 있기 때문에 주요 리스크에 집중할 수밖에 없다.

나중에 PMI가 지속적인 혁신활동으로 자리를 잡게 되면 개선 범위를 확대하여 종합적으로 추진하는 것을 기대할 수밖에 없을 것 같다.

「핵심 역량과 인력」영역 : ⑥ 개발기술 데이터 관리 및 활용

"개발기술 데이터를 관리하는 목적은 기술을 체계적으로 축적, 공유하여 제품 개발이나 개선 시간을 단축하자는 것입니다.

잘 아시는 것처럼 일반적으로 개발 실험은 개략적으로 중요한 품질 특성만 확인하는 랩 단계 실험, 조금 더 규모가 크고 세밀한 품질 특성을 확인하는 파일럿 단계 실험, 그리고 최종적으로 실제 생산설비에서 실험하는 양산단계 실험 등으로 이루어집니다.

그리고 체계적인 기술데이터의 축적을 위한 현상분석과 해결방안 도출은 크게 데이터의 생성, 저장, 활용이라는 세 가지 관점에서 진행하는 것이 좋겠습니다.

'데이터의 생성'은 각 개발단계에서 어떤 데이터를 발생시킬 것인가 하는 것이죠. 사용 물질의 수입검사 데이터, 실패 데이터, 낱개 혹은 평균 데이터, 범주형 혹은 이산형 데이터 등과 같이 생성되는 데이터의 유형들에 관한 고민들입니다. 생성되는 데이터의 유형에 따라 분석의 범위와 깊이가 대부분 결정되기 때문에 이것은 매우 중요합니다.

'데이터의 저장'은 데이터가 어떤 형태(DB 혹은 문서파일)로, 어떤 데이터셋_{dataset} 구조로, 어디에(개인 혹은 공용) 저장되는가 하는 것입니다.

그리고 이렇게 축적된 데이터가 필요한 사람들에게 공유가 되고 있는지, 어떤 과정과 방식으로 검색, 활용이 되고 있는지에 대한 전반적인 현상을 파악하고 개선방안을 도출하면 되겠습니다."

사실 과거의 한실장 개인적인 경험으로 볼 때, 개발 및 개선 제품의 특성에 따라 과거 데이터의 활용성은 많이 달라진다. 제품 개발, 개선을 할 때마다 사용되는 물질이 많이 바뀌는 경우에는 과거 데이터의 활용가치는 많이 떨어

질 수밖에 없다.

하지만 과거 실험 데이터들로부터 물질의 특성을 개략적으로 이해할 수 있고, 사용경험이 있는 물질들이 데이터베이스(DB)로 누적되는 것 자체가 물질에 대한 이해를 높이는데 많은 도움이 될 것이다.

한실장은 '체계적으로 축적된 데이터는 엔지니어들로 하여금 뭔가를 느끼고 생각하게 할 것이다'라는 생각과 믿음을 가지고 있다.

「핵심 역량과 인력」 영역 : ⑦ 요소기술 관리

"기술은 제품의 기능을 구현하는 도구이며, 요소기술은 특정 기능을 구현하는 기술입니다. 그리고 핵심기술은 요소기술들 중에서 제품의 핵심기능을 구현하는 것으로 차별적 경쟁우위를 결정 짓는데 중요한 역할을 합니다.

결국 제품의 경쟁력은 기술의 경쟁력에 달려있게 되는데, 문제는 이러한 기술들이 학습과 경험으로 체화되어 엔지니어들의 머리 속에 있는 암묵적 지식이라는 데에 있습니다.

그래서, 제품전략과 관련된 요소기술과 핵심기술을 어떻게 정의하고, 정의된 기술들을 어떻게 확보할 것인가가 관건입니다.

현상을 분석할 때는 다음과 같이 우리가 어떤 기술들을 보유하고 있고, 이 기술은 어떤 제품에 사용되었는지, 그리고 그 보유기술은 누가 사시고 있고, 보유 수준은 어느 정도 되는지 등 네 가지 관점에서 파악할 수 있습니다.

이것을 다음 표처럼 파악하게 되면 기술 관련 핵심인력이 누구인지, 그리고 어떤 기술이 얼마만큼 부족한지도 쉽게 알 수 있을 것입니다.

개인별 기술수준

기술 분류	필요 기술	세부 기술		제품*			핵심기술 여부**	엔지니어			전체
		1차	2차	A	B	C		홍길동	이순희	김철수	
재료 기술	X	X1	X11	1				Level 5			Level 4
			X12		3					Level 4	Level 4
		X2	X21		3	3		Level 3	Level 5		Level 4
			X22	3	5						
			X23		5	5					
재료 기술								Level 4			Level 2
재료 기술									Level 5		Level 5
설계 기술										Level 4	Level 3
공정 기술								Level 5			Level 5
설비 기술											
측정/분석 기술											

* 제품과 세부기술간의 관계를 1(약한 관계), 3(보통), 5(강한 관계)로 평가
** 기술과 제품간의 관계를 고려하여 전략적으로 중요한 기술을 핵심기술로 식별

조직전체 기술수준

기술 레벨	조직	개인(엔지니어)
Level 1	국내 하위 경쟁사 수준	매우 미흡한 수준
Level 2	국내 중간 경쟁사 수준	미흡한 수준
Level 3	국내 Best 경쟁사 수준	보통 수준
Level 4	세계 Best 경쟁사 수준	충분한 수준
Level 5	세계 No.1 수준	매우 충분한 수준

그리고 개선방안을 도출할 때는 전략제품과 관련된 요소기술과 핵심기술을 확보, 강화하기 위해서 어떤 규정, 제도, 시스템과 활성화 프로그램이 필요한지를 설계하시면 되겠습니다."

한실장은 지금까지 설명한 기술관리 방식이 단편적이라는 것을 잘 알고 있다. 사실 제대로 기술을 축적하기 위해서는 회사 전체의 기술 생태계를 조성하고, 기술중시 문화를 구축하는 것과 같은 근본적인 접근이 필요하다.

하지만 이렇게 제대로 추진하기 위해서는 많은 시간이 소요되고, 전사적

인 관점에서 접근을 해야 하기 때문에 PMI 활동이 정착된 시점에서 본격적으로 고민하는 것이 좋을 것 같다고 판단한 것이다.

「핵심 역량과 인력」 영역 : ⑧ 연구원 동기부여

"B사의 핵심역량은 '개발기술'입니다. '요소기술 관리' 과제에서도 말했습니다만, 기술축적을 위해 개발과정과 결과를 문서로 남긴다는 것도 중요한 일이지만, 기술은 개인의 암묵적인 지식이기 때문에 우수한 연구원들을 지속적으로 육성하는 것은 더욱 중요한 일입니다. 그래서 핵심 연구원들의 이탈은 심각한 리스크를 의미합니다.

이런 관점에서 우수 연구원들을 지속적으로 육성하고, 핵심 연구원들의 이탈을 예방하기 위한 현상을 파악하고, 개선방안을 도출하면 되겠습니다.

현상 파악은 다음과 같이 두 가지 질문을 가지고 진행할 수 있습니다.

첫째는, 이번 M&A에서 B사 연구원들이 우려하는 것과 기대하는 것이 무엇인지? 그리고 둘째는, 향후 연구원들이 효과적 효율적으로 기술역량을 강화하는데 필요한 것이 무엇인지?에 대한 연구원들의 답변내용이 현상이 될 것입니다.

개선방안은 파악된 우려 및 기대, 필요사항을 해결하기 위해서 제도, 규정, 시스템, 조직, 커뮤니케이션 등 다양한 측면에서 개선점을 도출하면 되겠습니다."

사실 '연구원 동기부여' 과제의 주요 목적은 핵심 연구원들의 이탈을 방지하는데 있다. 그래서 좀더 체계적으로 연구원들과 커뮤니케이션을 하고, 현재의 문제점과 원하고 기대하는 사항을 파악하고 해결해야 한다.

이를 위해서는 운영시스템과 조직문화 등을 통합적인 관점에서 파악, 개선해야 하기 때문에 많은 시간이 필요할 것이다. 그리고 연구원들의 목소리들을 종합하여 우선순위를 가지고 차근차근 진행하는 과정을 보여주는 것은 중요하다. 이를 통해 B사 연구원들은 과거와는 다른 새로운 변화를 느끼게 되고, 미래에 대한 기대를 가지게 한다는 측면에서 큰 의미가 있는 것이다.

「핵심 역량과 인력」 영역 : ⑨ 사업부문 연구소 들간 기술융합을 위한 조직 통합

"4차 산업혁명의 키워드 중에 하나가 '초융합'입니다. 학문 혹은 기술 간의 융합이 완전히 다른 새로운 것을 탄생시킨다는 의미입니다. 이러한 융합은 물리적인 통합만으로는 효과가 극히 제한적이며, 새로운 것을 탄생시키기 위해서는 화학적인 반응이 필요합니다.

따라서 '사업부문 연구소들 간 기술융합을 위한 조직통합' 과제에서는 물리적·화학적 융합을 위해 연구소 조직구조와 조직 운영방안 등 두 가지 관점으로 현상을 파악해야 합니다.

화학적 반응을 가속화하기 위해서는 전사 차원의 노력이 필요한데, 이에 대해서는 '기업문화' 과제에서 문화적인 관점에서 다루어야 할 것입니다.

그리고 '기술융합'에 대한 현상파악을 위해서는 우선 사업 간의 기술융합이 현재의 원가와 품질를 개선하고, 새로운 용도나 사업기회를 창출할 수 있는지를 먼저 조사해야 합니다. 만약 기술융합이 새로운 기회를 창출할 수 있다고 판단되면, 기술융합을 하는데 있어서 현재의 조직구조가 어떤 한계점을 가지고 있는지를 파악하면 되겠습니다.

그리고 개선방안은 화학적 융합을 할 수 있는 물리적 조직구조에 대한 옵션을 2~4개 정도 제안해 주시고, 이러한 조직구조들을 바탕으로 실제로 화학적 융합이 일어날 수 있는 조직 운영방안에 대한 아이디어들을 정리하면 되겠습니다."

사실 A사에서도 과거에 사업부문연구소(DRD$_{divisional\ R\&D}$)와 전사연구소(CRD$_{corporate\ R\&D}$) 간의 역할과 조직통합에 대한 논쟁이 많았다.

CRD는 전사적인 차원에서 좀더 먼 미래의 성장엔진을 연구, 개발하자는 목적을 가지고 있다. 반면에 DRD는 기존 사업부문의 기술을 활용하여 신규 용도나 제품을 개발하거나 기존 제품을 개선하는데 목적이 있다.

따라서 CRD와 DRD 조직을 분리하여 운영하면, 각각의 목표와 활동범위

가 명확해진다는 장점은 있지만, CRD, DRD간 기술의 융복합과 전사적 차원에서 연구원 운영의 효율성 관점에서 보면 아쉬움이 있다.

이런 아쉬움 때문에 CRD와 DRD 조직을 통합하게 되는데, 어떤 경우 이러한 선택이 문제를 더 악화시키기도 한다. 기술의 융복합과 인력운영의 효율성은 이전과 별 차이가 없고, 연구소장은 상대적으로 단기적인 성과를 쉽게 낼 수 있는 DRD에 집중하면서 CRD 역할이 더 약화되는 것이다.

이렇게 DRD와 CRD 조직을 다시 분리하고, 통합하는 현상이 몇 년 주기로 반복된다. 각 사업부문별 DRD 내의 개발과 개선 조직들의 상황도 비슷하다.

한실장은 조직분리와 통합의 장단점을 조직구조 변경만으로 해결하려는 시도는 무모하다고 생각한다. 조직에서 독립적으로 작동해야 할 기본 기능들은 일단 물리적으로 분리하고, 같이 작동해야 할 기능들은 같이 작동될 수 있도록 뭔가 다른 방법을 찾는 것이 올바른 접근 방식일 것이다.

즉 CRD와 DRD를 물리적으로 완전하게 분리하는 조직구조를 설계하고, 이에 따른 단점, 그리고 기술의 융복합과 효율적 인력운영은 별도의 방식으로 해결해야 한다는 생각이다. 물론 쉽지 않은 일이지만 말이다.

「핵심 역량과 인력」 영역 : ⑩ ○○사업 유럽 전담사원 충원

"이 과제는 유럽시장의 전담사원 충원의 필요성과 역할, 그리고 충원 인원과 조직상의 위치에 대해 검토를 하시면 되겠습니다. 그리고 이에 대한 논거는 '비전과 성장전략' 과제의 설계결과와 연결되어야 합니다."

이 과제에 대해서는 그렇게 많은 설명이 필요하지 않다. 전체적인 사업전략에서 유럽시장의 중요성과 마케팅전략이 확정되면, 이에 따른 조직 및 인력구성을 고민하면 된다.

「핵심 역량과 인력」 영역 : ⑪ DT$_{\text{Digital Transformation}}$ 추진조직 신설

"차별적 경쟁우위를 확보하기 위해서는 고객의 가치를 재정의하거나 내부

적인 운영 혁신을 통해 고객에게 획기적인 가치를 설계, 제공해야 합니다. 이러한 과정에서 데이터와 정보를 활용하여 비즈니스 프로세스를 혁신하는 것이 DT추진 조직의 역할입니다.

사실 B사는 가치 체인의 후방에 있는 B2B기업이기 때문에 시장의 데이터와 정보를 다이내믹하게 수집, 분석하여 새로운 가치를 창출할 수 있는 기회는 상대적으로 제한적입니다.

하지만 생산 공정 및 설비, 품질, 물류, 개발 실험 데이터 등을 활용하여 내부 비즈니스 프로세스를 혁신함으로써 새로운 가치를 창출할 수 있습니다.

예를 들어 보겠습니다. 독일 지멘스의 암베르크 공장은 고객의 요구에 따라 생산라인을 자유자재로 바꿀 수 있는 스마트팩토리를 구축하였습니다. 이렇게 유연한 생산시스템을 운영하기 위해서 1,000개의 센서에서 나오는 데이터를 수집, 분석하여 설비 이상과 불량을 실시간으로 감지하고 조치를 취하고 있습니다.

Siemens 제공(독일 암베르크 공장)
고객의 요구에 따라 생산라인을 자유자재로 변형할 수 있는 이 공장은 기계 이상과 불량품 생산을 감지하는 1,000개의 센서와 스캐너로 하루 5,000만 개의 데이터를 처리하고 있으며, 문제발생 즉시 감지, 통보된다.

P&G 제공(Business Sphere)
비즈니스 스피어(Business Sphere)에는 전 세계 사업장의 시장 상황을 실시간으로 시각화한 분석 내용과 다양한 지표가 대형 곡면 스크린에 떠 있으며, 매주 경영진들이 모여 이를 기반으로 회의를 하고 의사결정을 하며, 분석자료는 모든 P&G 임직원에 제공된다.

P&G는 전세계 사업장의 시장상황을 실시간으로 분석한 내용을 대형 스크린으로 보여주고 있으며, 경영진들은 이를 기반으로 회의와 의사결정을 합니다. 그리고 분석자료를 모든 임직원들에게 제공하고 있습니다.

이러한 관점에서 DT추진 조직은 데이터와 정보를 활용하여 고객에게 더 나은 가치를 제공하거나 내부 운영혁신을 할 수 있는 기회를 도출하고, 이를 만족시키기 위한 IT$_{\text{information technology}}$, DT$_{\text{data technology}}$ 시스템을 어떻게 구현할 것인가를 고민해야 합니다.

그런데 먼저 DT추진 조직을 신설하는 것이 과연 필요한지를 원점에서 검토할 필요가 있습니다. 이것은 B사의 사업 특성상 디지털 전환의 노력이 과연 의미가 있는지를 먼저 진단할 필요가 있다는 뜻입니다.

이를 위해 우선 기존 IT시스템의 구조 및 시스템간 관계를 파악하고, 각 구성 시스템이 발생시키고 있는 데이터를 조사해야 합니다. 그리고 조사결과를 바탕으로, 차별적 경쟁우위를 확보하기 위해서 어떤 추가 데이터가 필요하며, 어떻게 분석하여 활용할 것인가에 대한 계획을 수립하게 됩니다. 이러한 계획을 근거로 해서 DT추진 조직의 역할, 조직상 위치와 필요인원을 정의할 수 있을 것입니다."

한실장은 DT추진 조직이 신설된다고 하더라도 단기간에 가시적인 성과를 내기가 쉽지는 않을 것이라는 것을 알고 있나. 고객가치나 내부가치 혁신을 위해 필요한 비즈니스 프로세스의 범위와 내용을 정의하는 것부터가 쉽지 않을 것이다.

적합한 '데이터'를 정의하고 생성하는데만 1년이 흘러갈 수도 있고, 어쩌면 1년 후에는 DT추진 조직이 조직도에서 사라질 수도 있다.

하지만 디지털 전환$_{\text{Digital Transformation}}$이라는 시대적 주제, 데이터와 비즈니스 프로세스에 대한 고민을 할 수 있는 시간과 분위기를 가져보는 것 자체가 큰 의미가 있다고 생각했다.

「운영시스템」영역 : ⑫ 문서화된 경영시스템 도입

"현재 B사에는 ISO 및 QS 시스템이 도입되어 있지만 실제 경영성과와 연결고리는 약합니다. 대부분의 기업들이 그런 것처럼 인증서 획득이나 홍보가 목적이었기 때문에 시스템 설계내용 자체도 효용가치가 떨어지도록 되어 있습니다.

또한 현재의 운영시스템들은 품질, 안정, 환경 등으로 그 범위가 좁고, 전체적인 전략적 통합성도 미흡하기 때문에 시스템 자체의 한계도 있습니다. 실제 시스템이 경영성과와 직결될 수 있도록 뭔가 조치를 취해야 합니다.

'문서화된 경영시스템'을 구축한다는 것은 기업의 경영활동을 구성하는 경영철학, 전략과 실행시스템을 구체화시킨다는 의미입니다. 그리고 이러한 시스템이 실제 구성원들의 생각과 행동, 그리고 커뮤니케이션의 방식이 될 수 있도록 설계·운영되어야 합니다.

이러한 방식이 정착된 결과가 바로 기업문화이기 때문에, 경영시스템을 구축한다는 것은 결국 기업문화를 구축한다는 것과 같은 의미입니다.

그리고 굳이 '문서화된 시스템'을 주장하는 데는 이유가 있습니다. 암묵적인 시스템은 명문화가 되어있지 않아서 사람마다 시스템에 대한 이해 정도에 편차가 크고, 체계적인 관리가 어렵습니다. 반면에 문서화된 시스템은 현재의 시스템에 대해 구성원들이 비슷한 이해를 할 수 있고, 내용을 체계적으로 변경하고 전파할 수 있기 때문에 강력한 커뮤니케이션 수단으로 활용될 수 있습니다.

특히 이런 문서화된 시스템은 중국이나 미국 등 해외진출을 할 때 중요하게 활용할 수 있습니다. 언어와 문화가 다른 해외에서의 문서화된 경영시스템은 커뮤니케이션 코스트를 획기적으로 낮출 수 있다는 점에서 매우 유용합니다.

이러한 배경에서, 실제 경영활동과 직접적으로 연동된 경영시스템을 구축하기 위해서는 현상파악과 도입계획을 좀더 실질적이고 세밀하게 설계해야 합니다.

먼저, 현상파악을 위해서 ISO 및 QS시스템을 포함한 인력, 재무, 전략기획 등 현재 B사의 경영활동과 관련된 시스템들의 전체 구조 및 구성시스템, 그리고 각 시스템들의 유용성 및 한계점 등을 정리하시길 바랍니다.

그리고 도입계획을 수립할 때는 A사의 '문서화된 경영시스템'을 참고하여 현재 B사 시스템의 한계점을 극복할 수 있는 경영시스템의 전체 구조 및 하위 시스템, 그리고 각 하위 시스템의 구성 항목들을 우선 정의해야 합니다. 그리고 난 뒤 이를 구현하기 위한 TFT조직과 인원 구성, 그리고 추진일정 등을 포함한 구체적인 추진계획을 수립하는 순서로 진행하면 되겠습니다.

참고로 A사 경영시스템의 전체 구조와 구성시스템에 대해 간단하게 설명하겠습니다.

다음 그림에서 보는 것처럼, 경영시스템의 최상위 층에는 경영철학과 경영철학을 성공적으로 실행하는데 있어서 필요한 핵심 실행원리가 제시되어 있습니다.

그리고 이를 기반으로 전략을 수립하고 수행하는 프로세스와 방법들을 6개의 범주 속에서 정리되어 있고, 특히 마케팅, 개발, 생산, 지원업무별로 주요 추진과제에 대한 추진 프로세스와 방법론들이 별도 제공되고 있습니다.

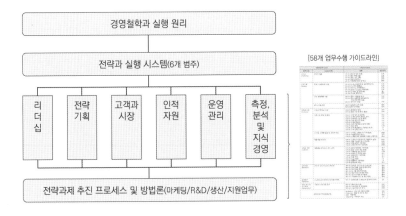

또한 성공적인 전략수립과 실행을 지원하기 위해 필요한 구체적인 업무수행 방법들인 58개 가이드라인들이 6개 범주category별로 정리되어 있습니다. 이

것을 보면 리더와 구성원들 개인의 담당 업무를 좀더 잘 수행하기 위하여 어떻게 해야 하고, 전문가가 되기 위해서 무엇을 더 학습해야 하는지도 알 수가 있습니다."

이 경영시스템이 제대로 설계되고 활용된다면 B사의 정체성$_{identity}$이 좀더 명확해지고, 좀더 강하고 우수한 기업문화를 가지게 될 것이다. 그리고 리더와 구성원의 역량 또한 체계적으로 축적될 수 있다.

한실장은 개인의 통찰력을 효율적으로 강화하기 위해서는, 우선 플랫폼 지식이 단단하게 기반을 잡고 있어야 한다고 믿는다. 기반없이 파편처럼 저장된 응용 지식과 경험은 확장성과 응용성에 한계를 가질 수밖에 없다. 그래서 바로 이 문서화된 경영시스템이 B사와 구성원 개인들의 플랫폼 지식이 될 것이다.

하지만 문서화된 경영시스템을 도입, 정착시키는 과정에는 극복해야 할 만만치 않은 과제들이 있다. 사업 특성에 적합하도록 시스템의 구조와 내용을 설계하고, 이를 지속적으로 학습시킬 수 있는 프로그램, 그리고 학습시킨 지식이 실제 업무에 적용할 수 있도록 독려하는 리더십과 환경조성 등과 같은 것들이다.

또한 문서화된 시스템의 학습과 활용을 통해 실제 조직과 개인의 역량이 향상되고 성과에 기여할 수 있어야 비로소 경영시스템이 내재화 될 수 있는 선순환 고리가 만들어지게 되는 것이다.

한실장은 과거의 경험에서 이러한 장애요인들을 극복하기가 얼마나 어려운지를 잘 알고 있다. 하지만 쉽지 않은 일을 이루어야 비로소 고유한 차별적 경쟁력을 가질 수가 있게 될 것이다.

「운영시스템」 영역 : ⑬ 셰어드서비스$_{shared\ service}$ 체계 운영

"A사는 B사에 비해 조직규모가 더 크고 넓은 사업영역을 가지고 있기 때

문에 다양한 이슈들에 대응할 수 있는 기능조직들이 있습니다. 그래서 필요시 B사에서 A사의 기능업무를 공식적으로 활용할 수 있는 셰어드서비스 체계를 운영하는 것이 필요하다고 생각합니다.

셰어드서비스는 서로 계약을 맺고 공식적으로 서비스를 활용할 수 있겠습니다만, 요청 건수가 많지 않고 불규칙적일 경우 별도 계약없이 활용할 수도 있을 것입니다.

그래서 일단 B사의 각 단위조직에서 어떤 업무내용에 대해 셰어드서비스가 필요한지를 파악하고, 각 서비스별로 예상 발생빈도를 정리하는 것이 필요합니다. 그리고 서비스 요청 프로세스는 B사의 서비스 필요 조직에서 A사의 해당 조직에 직접 요청할 수도 있고, 아니면 B사의 한 조직에서 취합하여 A사의 각 해당 조직에 요청할 수도 있을 것입니다.

다음 그림은 셰어드서비스의 유형과 요청 프로세스의 예인데 참고하시길 바랍니다."

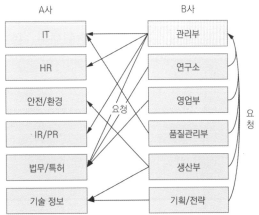

기능업무	셰어드서비스(예)
IR	• 공시 지원 • IR행사지원(실적발표, NDR, Conference 등)
PR	• 주요 기사 Release 대행 • 부정기사 대응 주요 기사 작성지원 혹은 감수
법무	• 계약서 검토 • 주요 이슈사항에 대한 법률 검토 • 주주총회 및 이사회 관련 자문 수행 • 소송 수행 지원 • 법무교육 실시 등 법무 관련지식 공유
특허	• 특허조사분석 등 특허 Issue 관련 자문
안전/환경	• 안전/환경 개정법규 공유 및 대응방안 수립 • 환경관청 지도점검 대비 Infra 구축 지원
인력	• A사 계층별/직무역량별 교육 참가 • ER 이슈 협업

특허, 계약, 안전·환경, 언론홍보 등과 같은 전문분야의 경우에 발생조직에서 발생이슈들을 직접처리하는 것은 나중에 큰 리스크가 될 수 있다. 이런 업무들에 대해서는 전문적인 지식과 경험을 가진 조직의 도움을 받는 것이 필

요하다.

그리고 이전에 B사 인터뷰 결과 직무교육에 대한 욕구가 큰데, 만약 A사의 직무역량 교육프로그램에 B사에서도 참석할 수 있다면 M&A에 대한 만족도와 PMI에 대한 기대는 더 긍정적이 될 수 있을 것이다.

이러한 셰어드서비스가 양사 간의 유대감과 업무효율성을 높이는데 도움이 될 것이라는 점은 명확하다.

물론 A사의 해당 조직 입장에서는 셰어드서비스가 기존 업무에 추가되는 일이기 때문에 꺼려할 수도 있지만, 필요하다면 A사의 인력을 충원하는 것이 전체의 효과성과 효율성 측면에서 더 유리할 수 있다.

「운영시스템」 영역 : ⑭ 신규 제품·용도 아이디어 발굴 및 선정

한실장은 이 과제의 추진방법을 설명하기 위해 「신사업, 신제품 오디세이(황춘석, 2019.9)」에 있는 내용을 몇 장의 슬라이드로 간단하게 요약했다.

"먼저 아이디어 발굴 및 선정 프로세스와 방법에 대해 개략적으로 설명하고, 현상파악 방법과 개선방안에 대해 이야기하겠습니다.

유망한 신제품, 신용도 아이디어들을 제안할 수 있는 사람들의 자격조건은 사업 특성에 따라 다르겠지만 기본적으로 해당 사업이나 제품에 대해 충분한 지식과 경험을 가지고 있어야 합니다. 특히 기술과 연관된 영역들의 아이디어는 더욱 그렇습니다.

그래서 사전에 아이디어 제안자들의 범위를 구체적으로 정의하는 것이 필요합니다. 내부 전문가, 고객, 사업파트너, 공급업체, 외부 전문가, 시장조사업체, 컨설팅업체 등 누구를 대상으로 아이디어를 수집할 것인가? 하는 문제입니다.

아이디어 제안자들에 대한 정의가 끝난 다음에는 어떤 방법과 경로로 아이디어를 수집할 것인가 하는 것들을 고민하게 되는데, 이에는 온·오프 라인 아이디어 공모, 전문가 포럼, 브레인 스토밍, 해커톤hackathon, 컨설팅 등의 방법

들을 활용할 수 있습니다.

그리고 이렇게 수집된 아이디어들 중에서 옥석을 가려내는 과정은 제대로 된 아이디어들을 수집하는 것 이상으로 중요한데, 이는 사업타당성 평가와 사업화 의사결정 등 2단계로 이루어집니다.

사업타당성을 재무적으로 평가하는 데에는 다음 그림과 같이 NPV, IRR, ARR, 투자비 회수기간_{payback period} 등 여러 가지 방법들이 있으며, 사업화 아이템을 최종적으로 선정하는데에는 찬성·반대 토론법, 델파이법, 확률론적 추정법 등이 있습니다.

구 분	재무성과 지표	계산 공식
수익률 (rate of return)	ARR (Accounting Rate of Return_ 회계적 이익률)	$ARR(\%) = \dfrac{연평균\ 순이익}{평균\ 투자액} \times 100$
	IRR (Internal Rate of Return _ 내부 수익률)	$NPV = \displaystyle\sum_{t=0}^{n} \dfrac{CF_t}{(1+IRR)^t} = 0$
현금흐름 (cash flow)	NPV (Net Present Value _ 순현재가치)	$NPV = \displaystyle\sum_{t=0}^{n} \dfrac{CF_t}{(1+r)^t} \cdot CF_0$ $CF_0 = 현금유출(초기\ 투자비)$ $CF_1 = t기의\ 현금흐름$
자본회수기간 (payback period)	투자비 회수기간 (Payback Period)	$회수기간(년) = \dfrac{투자액}{연간\ 순현금\ 유입액}$
	할인된 회수기간 (Discounted Payback Period)	$할인된\ 회수기간(년) = \dfrac{투지액}{연간\ 순현금\ 유입액\ 의\ 현재가치}$

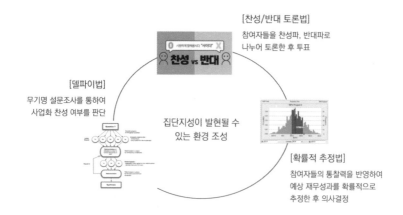

우선 현상 파악을 위해서는 현재 적용하고 있는 신제품, 신용도 아이디어를 발굴, 평가하고, 최종선정하는 프로세스와 방법을 정리하길 바랍니다. 그리고 최근 5~7년 동안 아이디어 발굴 실적과 각 아이디어별 추진단계, 재무성과를 분석해 보시면 현재의 프로세스와 방법에 어떤 문제, 한계가 있는지를 파악하게 될 것입니다.

이렇게 파악된 현상과 이슈를 바탕으로 아이디어 발굴, 평가 및 선정, 그리고 사업화 추진 단계별로 개선방안을 정리하시면 되겠습니다."

사실 신제품·신용도 발굴 및 선정의 핵심은 해당 사업에 깊고 다양한 지식과 경험을 갖춘 통찰력있는 사람들이 얼마나 참여하여 집단지성을 발휘할 수 있는가에 달려있다.

그리고 궁극적으로는 집단지성을 발휘할 수 있는 환경조건을 조성하고, 이를 기업문화와 연계시켜 내재화시키는 것이 최종 목적지이다.

어쨌든 초안이 작성되면 종합적인 관점에서 신사업, 신제품 운영시스템과 조직문화를 연계시키는 문제를 고민해야 할 것이다.

「운영시스템」 영역 : ⑮ 글로벌 사업확대를 위한 상호·상표 변경

"전번 인터뷰에서 이야기가 나온 것처럼 B사의 브랜드는 국내에서는 인지도가 높으나, 해외에서는 미약합니다. 그래서 상대적으로 인지도가 높은 A사의

브랜드를 활용하는 것이 필요하다는 의견이 많았습니다.

A사의 브랜드를 어떻게 활용할 것인가에 대한 전략을 수립하기 위해서는 브랜드에 대한 기본 이해가 필요합니다. 브랜드는 상호와 상표로 구분되어 있는데 브랜드 전략을 수립할 때 고려해야 할 사항이 몇 가지 있습니다.

상호의 네이밍을 어떻게 할 것인지, 단일 상호를 할 것인지, 단일 상표를 할 것인지 등과 같은 고민들입니다.

이를 결정하기 위해서 우선 국가별로 B사의 브랜드 이미지와 상품류별 상표등록 현황 조사가 필요합니다. 그리고 다른 기업에서 B사 관련 상품에 대한 상표등록 현황을 조사하여 상표권 이슈도 같이 파악해야 합니다.

이렇게 현상 파악이 완료되면 상호 및 상표 전략에 대한 개략적인 그림이 머리 속에 그려질 것입니다. 그리고 만약 A사의 브랜드를 사용한다면, 사용방식에 따라 브랜드 사용료가 달라지니 이를 참고하여 검토하시길 바랍니다."

미국의 마케팅 협회는 브랜드를 '기업의 제품이나 서비스를 식별하기 위해 사용되는 단서, 문자, 의장뿐만 아니라 제품과 관련된 인식, 경험, 지식 및 이미지의 집합체'라고 정의하고 있다.

이 말은 브랜드는 해당 기업과 기업의 상품에 대해 느끼는 감정적 이미지로, 이 감정적 이미지는 관련된 모든 유무형적 요소들에 의해 형성된다는 의미이다.

그래서 브랜드를 관리한다는 것은 명확하고, 차별화된 컨셉을 고객과 접점이 일어나는 모든 영역과 과정에서 일관성 있게 전달해야 하기 때문에, 접근해야 할 범위가 매우 넓고, 오랜 시간이 필요한 일이다.

상호와 상표는 이렇게 광범위한 브랜드 속성들의 주요 유형적인 구성요소이자, 브랜드전략을 수립하기 위한 출발점이기 때문에 중요한 것이다.

운영시스템」 영역 : ⑯ 완제품 재고 최적화

"재고관리는 두 가지 중요한 개념을 가지고 있는데, 변동의 영향을 최소화하기 위한 '안전재고_{safety stock}'와 '규모의 경제'입니다.

'안전재고'는 대부분의 산업에서 판매량과 생산량을 정확하게 예측하는 것이 불가능하므로, 이의 변동 영향을 최소화하기 위해 유지하는 일정 재고수준을 말합니다.

그리고 '규모의 경제'는 제조원가 관리를 위해서 수율 및 생산성 향상, 단위당 총구매비용_{total cost of ownership} 인하가 필요한데, 이를 위해 일정 로트규모의 제품을 생산하거나 원료를 구매해야 합니다.

최종 재고수준은 이러한 안전재고와 규모의 경제 이외에 계절적 수요, 고객의 구매패턴 등과 같은 예측재고와 운송중 재고를 반영하여 결정됩니다. 즉, '최종재고수준＝안전재고＋규모의 경제 재고＋예측재고＋운송중 재고' 공식이 성립됩니다.

여기서 문제는 '예측재고'인데, 이 예측재고의 변동성이 과다재고, 불용재고의 원인이 됩니다. 계절적 변동성이 크거나 고객의 구매량의 패턴이 비정형적이거나 변동성이 클 경우, 예측 재고의 수준도 이에 따라 같이 유연하게 조정하면 됩니다. 그런데 문제는 변동성을 예측하기 어려워서 충분한 재고를 가져가려고 하는데 있습니다.

그리고 특히 장치산업의 경우 다음과 같은 변동요인들의 증폭으로 실제 판매량 대비 매우 높은 재고수준을 유지하게 만듭니다.

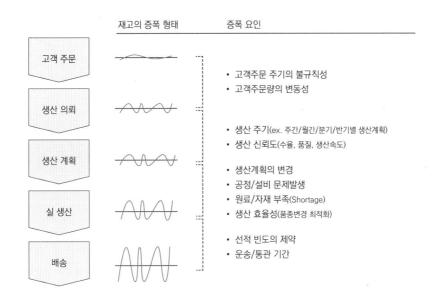

따라서, 현상파악은 우선 현재 재고의 적정성과 건전성을 평가하기 위하여 문제 재고가 어느정도 있는지, 그리고 판매량과 생산능력 대비 재고수준이 어느정도 유지되어 왔는지에 대한 분석이 필요합니다.

그리고 문제 재고와 과도 재고의 근본적인 발생원인을 파악하고, 현재의 문제 재고를 신속히 처리할 수 있는 방안과 현재의 과도한 재고수준을 낮추고 향후 재발을 방지할 수 있는 아이디어를 도출하시면 되겠습니다."

한실장은 과거의 경험으로부터 재고에는 납기를 중요시하는 판매팀, 재고 회전율을 높이려는 재무팀, 가능한 한 로트규모를 키우려는 생산팀과 구매팀 등 서로 이해가 상충되는 조직들 간의 갈등이 녹아 있다는 것을 알고 있다.

물론 고객의 주문량이 확정적이거나 혹은 예측이 가능하거나 편차가 작다면 어느정도 적정 재고관리가 가능하겠지만, 사업 특성에 따라 그렇지 않는 경우도 많다는 것이 문제이다.

어쨌든, 재고수준에 영향을 미치는 변수들을 파악하여 통제가 가능한지 혹은 불가능한지를 구분하여 적절한 대책을 수립해야 한다.

이러한 재고관리의 복잡성을 고려할 때, 일률적으로 '재고회전율'이라는 지표를 가지고 재고수준을 평가하고 압박한다는 것은 그리 바람직하지 않다.

「운영시스템」 영역 : ⑰ 개인별 동기부여를 위한 평가·포상제도 개선

사실 한실장이 가장 고민하는 분야가 평가·포상제도이다. 평가·포상은 인간이 가진 생존과 인정의 욕구에 직접적으로 영향을 미치기 때문에, 이 제도에 대한 구성원들의 반응성 또한 폭발적이고 즉각적이다.

그래서 잘못 건드리면 B사가 가진 강점을 약화시킬 수도 있고, 적합하지 않은 문화가 만들어질 위험성도 높다.

"현재 B사는 사업부문 단위로 KPI 평가·보상제도를 운영하고 있으며, 공식적인 개인별 평가·보상제도는 없습니다. 물론 승진할 때 개인의 역량과 공헌이 고려되기는 합니다만, 전반적으로 연공서열 중심의 보상이라 한계가 있습니다. 사실상 우수한 인력들을 포함한 개개인들까지 세분화된 동기부여는 매우 약한 셈입니다.

그렇다고 업무를 수행할 때 협업이 중요한데 가족적 분위기가 강점인 현재의 조직문화를 약화시킬 수 있는 개인별 평가·포상제도를 선뜻 도입하기에도 리스크가 있습니다.

그래서 이 과제의 추진방향은 '현재의 가족적이고 협업하는 분위기를 약화시키지 않으면서 일반 구성원들과 우수인력들의 동기부여를 강화할 수 있는 최선의 평가·포상방법이 무엇인가?'를 찾아내는 것입니다. 사실 이것은 쉽지 않은 문제이며 많은 요소들을 종합적으로 고민해서 설계해야 합니다.

어쩌면 KPI 평가로 포상을 하는 시스템 자체를 포기해야 할 수도 있습니다. 아니면 현재의 KPI 평가방법을 최대한 정량화·객관화시켜 KPI에 의한 평가·포상제도를 철저히 개인단위까지 확대 적용할 수도 있을 것입니다. 물론 이 양 극단적인 방향 이외 좀더 괜찮은 방식을 찾을 수도 있겠습니다.

그럼 지금부터 평가·포상을 위한 현상파악과 개선방안 도출에 대한 방법을 간략하게 설명하겠습니다.

먼저 현상파악을 위해서 먼저 현재의 평가·포상시스템을 상세하게 정리하시고, 이 시스템이 구성원들 개개인과 우수인력들의 동기부여에 어떤 영향을 미치고 있는지를 파악하시길 바랍니다.

그리고 난 뒤 B사의 강점인 가족적인 협업 문화를 유지하면서, 구성원들 개인 특히 핵심 인력들의 동기부여를 강화할 수 있는 최선의 평가·포상방법에 대한 아이디어를 도출하시면 되겠습니다."

한실장은 어떤 특성 값을 가진 존재들은 생물체이든 무생물체이든 일정 형태의 확률분포를 가진다고 믿는다. 인간은 디지털이 아닌 아날로그적 생명체이기 때문에 구성원들을 우수, 보통, 열등 집단 등과 같이 명확하게 구분할 수는 없지만, '우수한 인력'들을 포함하는 어떤 확률분포가 있다고 생각하는 것이다.

문제는 '우수한'의 기준 속성과 '인력'을 우수, 보통, 열등 등급으로 분류하는 평가 기준자체가 주관적이고 모호하다는데 있다. 이 말은 구성원들 모두가 공감할 수 있는 '우수 인력'을 명확하게 식별할 수 없기 때문에 평가의 오차를 감수할 수 밖에 없다는 의미이기도 하다.

하지만 이러한 오차를 무릅쓰고라도 우수한 인력들을 정의하고 그들을 인정$_{recognition}$하는 제도는 필요하다. 우수한 인력들은 한 기업의 과거와 현재, 미래에 더 많은 기여를 하는 사람들이기 때문에 그들이 이탈하지 않고, 더 공헌을 할 수 있는 동기를 부여하는 것은 중요한 일이기 때문이다.

물론 평가의 오차를 최소화하고, 평가·포상의 과정에서 다수 평범한 구성원들의 의욕을 꺾거나 불만을 야기시키지 않도록 해야하고, 이들에게도 동기를 부여할 수 있는 평가·포상제도를 개발하도록 최선의 방법을 찾아야 한다.

존도어의 저서 「OKR」에서도 '잘못된 목표는 관심 범위의 축소, 비윤리적 행동, 과도한 위험감수, 협력부재, 사기저하 등 조직적인 문제를 일으킬 수 있다'라고 경고한 한 것처럼, 잘못된 평가제도는 조직문화를 피폐하게 만든다.

한실장은 지금까지 KPI, MBO 기반의 평가·포상제도 자체의 한계에 대해 경험하면서 많은 생각을 했다. 과연 이러한 제도가 구성원들에게 동기를 부여하는 역할을 하고 있는지에 대한 의문이었다.

사실 조직 내 모든 개인의 성과를 정확하게 평가한다는 것은 불가능한 일이다.

그것은 KPI과제 도출 및 가중치 부여, 과제별 목표수준, 평가 공식과 방식 등 평가시스템 자체의 근본적인 한계들이 존재하기 때문이다. 게다가 수요, 공급, 원부원료 가격, 이자율, 신규 경쟁자 출현 등과 같은 외생변수들의 변동성이 개인성과에 많은 영향을 미치는데, 이들을 정확하게 반영하여 평가한다는 것은 현실적으로 가능한 일이 아니다.

이렇게 공정하지도 정확하지도 않은 평가결과를 가지고 연봉 및 보너스, 승진을 결정한다면, 좋은 평가를 받지 못한 구성원들은 당연히 이에 대해 불만을 가질 수밖에 없다. 이것은 B사 뿐만 아니라 대부분의 기업에서, 구성원들이 평가·포상제도에 대해 냉소적인 이유이다.

실제 한 개인의 입장에서는 소속 집단에서 우수, 보통, 혹은 열등 그룹 중에서 어딘가에 분류된다는 것은 생존과 성장에 영향을 미치는 심각한 문제이다.

그래서 어떠한 건전한 의도와 명분을 가진 평가제도라고 할지라도 구성원들은 본능적으로 자신에게 유리하도록 평가과제와 목표, 가중치, 공식을 정하려고 하는 것은 당연한 일이다.

이런 현상은 집단 내에 그리 도덕적이지 못한 문화가 학습되고 형성되는 심각한 문제를 만드는데, 사실 이것은 구성원들이 가진 도덕성의 문제가 아니라 평가·포상제도에 문제의 원인이 있다.

그래서 역으로 이런 여러가지 문제들을 개선할 수 있는 평가·포상제도를 설계할 수 있다면, PMI 활동에 대한 구성원들의 신뢰도와 성과를 높일 수 있는 좋은 지렛대가 될 수 있을 것이다.

그런데 과연 이에 대한 방법은 있는 것인가?

기업들은 하나로 된 KPI 평가·보상시스템을 도입할 때 양립할 수 없는 두 가지 목적을 동시에 이루려고 하기 때문에 자기모순에 빠진다.

KPI 시스템의 첫번째 목적은 기업의 목표와 단위조직, 개인들 간의 핵심 업무를 연계시키고, 이에 자원을 집중함으로써 목표를 달성하고자 하는 것이다. 일하는 방식의 혁신을 통해 목표를 달성하고 싶은 것이다. 또 한편으로는 KPI성과 평가결과에 의한 차별적 보상을 통해 구성원들에게 동기를 부여하겠다는 목적도 있다.

즉, KPI 평가·포상시스템으로 일하는 방식을 혁신하면서, KPI 평가결과를 차별적 포상의 근거로 근거로 삼겠다는 것이다. 하지만 KPI 평가결과를 포상의 근거로 하는 순간, 구성원들은 개인에게 유리한 KPI 평가과제와 목표, 가중치, 공식을 정하려고 할 것이다. 그리고 과정보다 평가결과에 집착하게 되기 때문에 일하는 방식을 혁신하지 못하게 된다.

이러한 이유들로 현실적으로는 하나의 시스템으로 이 두 가지 목적을 한꺼번에 달성한다는 것은 거의 불가능한 일이며, 둘 중에 한 개를 선택할 수밖에 없다. KPI 시스템으로 일하는 방식을 바꾸든지 아니면 평가·포상 도구로 활용하든지 말이다.

이러한 한계에서, 한실장은 내심 KPI 시스템을 평가·포상보다는 일하는 방식을 혁신하기 위한 방법으로 활용하는 것이 적절하다고 생각하고 있다.

KPI 시스템으로 일하는 방식을 혁신한다는 의미는 단위조직과 개인들이 회사의 목표와 연계된 도전적인 목표를 설정하고, 이를 달성하기 위한 핵심과제를 선정하여 리더의 지원과 동료들괴의 협업 환경 속에서 핵심활동에 집중하자는 것이다.

그리고 이러한 일련의 과정에서 활동내용 평가와 지속적인 성과관리, 피드백을 통해서 구성원들은 성장하고 성과에 대한 인정을 받게 되는데, 사실 이것이 구성원들에게는 가장 강력한 동기부여가 될 수 있다.

연봉 및 보너스, 승진의 근거로는 KPI 시스템과는 분리된 다른 평가방식을 고민해 볼 수 있을 것이다. 예를 들면, 연말에 소속 구성원들의 성과와 추진과정, 역량에 대해 가장 잘 알고 있는 리더가 직접 구성원 개인별로 평가하고 보상을 결정할 수 있다.

물론 이런 평가를 하는데 있어서 KPI 평가결과와는 완전히 독립적일 수는 없다. 하지만 적어도 구성원들이 '표면적인 성과 자체만으로 연봉 및 보너스, 승진이 결정되지 않는다'라는 인식을 심어줄 수는 있다.

이렇게 KPI 시스템이 성과 평가·포상으로부터 분리되어야 일하는 방식의 도구로 제대로 작동할 수 있고, 이 과정에서 구성원들에게 동기부여를 할 수도 있을 것이다.

어쨌든 한실장은 과제 담당자가 설계한 내용을 보고, 그때 같이 치열하게 고민해보자고 생각했다.

「운영시스템」 영역 : ⑱ 직무중심의 교육훈련프로그램 강화

"전번 인터뷰 결과 B사의 교육훈련프로그램이 주로 계층교육이나 리더십 교육에 편중되어 있어서 직무역량교육에 대한 요구가 많았습니다. 아마도 실제 업무를 성공적으로 수행하기 위해 실질적인 교육프로그램이 필요하다고 생각 하는 것 같습니다.

그래서 우선 교육훈련프로그램 전반에 대한 현황을 파악하고, 개선방안을 도출하는 것이 좋겠습니다. 즉 비전과 사업전략을 성공적으로 수행하는데 있어 서 현재의 교육훈련프로그램의 구성과 내용이 과연 효과적인지를 분석하고 개 략적인 개선방향을 설정해 보자는 것입니다.

그리고, 이러한 개략적인 개선방향에서 특히 직무역량 향상을 위한 교육 프로그램을 구체적으로 정의하고, 프로그램의 주요 구성내용을 설계하는 것이 이번 과제의 1차적인 목표가 될 것입니다."

인력육성에는 교육훈련과 일을 통한 육성, 자기개발 등과 같이 여러 가지 방식들이 있지만, 가장 이상적인 모습은 이러한 방식들이 통합적으로 연계되어 작동되는 것이다. 하지만 각 방식들의 실행 주체와 이해관계가 모두 달라 이러 한 연계와 통합이 자동적으로 작동되는 것이 쉽지 않다. 회사차원에서 좀더 전 략적이고 종합적인 접근이 필요한 것이다.

사실 회사차원에서 인력육성을 전적으로 책임질 수 있는 것은 아니며, 개인 차원에서의 관심과 노력도 필요하다. 이런 측면에서 회사는 최소한 모든 리더와 구성원들에게 개인이 관심있는 업무나 역할을 성공적으로 수행하거나, 관심분야의 전문가가 되기 위해서 무엇을 학습해야 하는지에 대한 가이드맵guide map을 제공해야 한다.

이렇게 제공된 기본 지식과 정보의 토대 위에서 개인의 의지, 노력에 따라 학습의 깊이와 넓이, 그리고 습득의 속도가 결정될 것이다.

이런 기본적인 가이드맵이 있으면 적어도 특정 분야의 전문가 혹은 리더가 되기를 원하는 구성원들이 무엇을 학습해야 할지를 몰라 쓸데없는 시행착오를 겪으면서 시간을 낭비하는 것을 최소화할 수 있을 것이다.

한실장은 이러한 지식과 정보의 가이드맵이 인력 육성의 기본 플랫폼이라고 생각했다. 과거에도 이런 시도를 몇 번 한적이 있었는데, 특히 미국 자회사 구성원들의 반응이 매우 뜨거웠다.

물론 해당 기업의 사업 특성과 문화를 고려하여 기업경영 전반에 대한 가이드맵을 작성하는 것도, 내용을 구성하고 지속적으로 업그레이드하는 것도, 그리고 이를 구성원들이 받아들이게 하기 위한 리더들의 역할을 수행하게 하는 것도 쉽지가 않은 일이다.

당연히 실패에 대한 리스크는 있지만, 이것은 한번 시도를 해 볼만한 가치가 있다. 그리고 어쩌면 B사의 리더·구성원들은 이런 시도에 이번 M&A에 대한 가장 큰 가치를 느낄지도 모를 일이다.

한실장은 과거 추진했던 직무역량 가이드맵의 사례 슬라이드를 보여주면서, 각 분야별 직무역량의 구성내용을 간략하게 설명했다.

범주(7개)	Module(12개)	Components(54개)
리더십 (Leadership)	리더의 역할	L01-01 (미션과 비전 도출) L01-02 (핵심역량 도출) L01-03 (핵심가치 도출) L01-04 (BM혁신) L01-05 (기업문화 정의 및 혁신)
전략기획 (Strategy)	중장기 경영전략 수립	S01-01 (To-Be 외부환경 및 내부역량 분석) S01-02 (시나리오 플래닝) S01-03 (비즈니스 포트폴리오) S01-04 (목표설정) S01-05 (DT 정의 및 과제도출) S01-06 (구성원 행복지도)
	연도 경영계획 수립	S02-01 (연도 사업환경 분석) S02-02 (연도 실행전략 방향설정 및 주요 전략과제 도출) S02-03 (전사 KPI 수립)
	KPI 시스템 운영	S03-01 (단위조직 KPI 도출) S03-02 (KPI 모니터링)
고객과 시장 (Customer)	시장·고객 정보 수집	C01-01 (표적정보 정의) C01-02 (정보 수집 및 분석, 활용)
	기존 시장 유지 및 확대	C02-01 (시장 정의 및 세분화) C02-02 (고객의 전략적 중요도 평가) C02-03 (고객가치 수집 및 분류) C02-04 (고객 제안가치 설계) C02-05 (고객관계관리) C02-06 (고객 미팅계획 수립 및 진행) C02-07 (재고관리) C02-08 (고객 품질불만의 근본원인 제거) C02-09 (고객 만족도 평가)
	신사업, 신제품 발굴 및 성공적 진입	C03-01 (신사업, 신제품 아이디어 발굴) C03-02 (사업화 타당성 평가) C03-03 (신제품 과제 실행계획 수립 및 실행점검)
	제품개발 및 양산	C04-01 (고객요구사항 파악 및 개발목표 설정) C04-02 (제품기능분석 및 구조설계) C04-03 (실험설계의 기본개념) C04-04 (신뢰성 평가의 기본개념)

고객과 시장 (Customer)	제품품질 및 생산스피드 관리	C05-01 (4M1E 최적화의 기본개념) C05-02 (생산 스피드 개선 방법) C05-03 (구매비용 절감 착안점) C05-04 (공정조건 최적화 방법) C05-05 (설비관리의 기본개념) C05-06 (이물 관리) C05-07 (Gage R&R) C05-08 (샘플링의 기본개념) C05-09 (공정능력 측정)
인적자원 (Workforce)	전략적 조직구성 및 인력운영	W01-01 (전략적 조직구성 및 인력운영) W01-02 (인력 채용, 교육 및 배치관리) W01-03 (인력 육성 체계) W01-04 (소그룹 과제 추진체계) W01-05 (개선 아이디어 제안 제도) W01-06 (성과 및 역량 평가체계) W01-07 (기업문화 진단 및 개선 체계)
운영관리 (Operation)	Guidebook의 효과성 및 효율성 확보	O01-01 (Guidemap업데이트 관리)
측정 분석 및 지식경영 (Measurement)	기술지식 및 경험 공유	M01-01 (핵심기술 도출) M01-02 (기술 확보 및 관리방법) M01-03 (기술 확보수준 평가)

* 전략과제 추진 방법론(4개)

M(마케팅)	시장·고객 개발 및 확대
P(생산)	품질 및 생산성 개선
R(개발)	제품개발
S(지원)	지원업무 개선

「운영시스템」 영역 : ⑲ 통합 구매

"양사 간의 사업 및 제품 특성이 많이 달라서, 통합구매를 할 품목이 그리 많지는 않을 것으로 보입니다. 하지만 업종에 관계없이 규모의 차이는 있지만 공통 구매품목은 분명 있습니다.

그래서 일단 B사에서 구매하고 있는 품목별 구매량, 구매금액, 구매단가를 정리하시길 바랍니다. 이렇게 정리된 리스트를 가지고 A사에서 공통 품목에 대한 자사의 구매실적과 예산을 확인하게 되면 양사의 예상 효과금액이 산출됩니다. 공통 품목에 대한 비용절감 방식은 공동구매나 혹은 상호 가격정보를 참고하여 공급업체와의 협상 등을 통해 가격을 인하할 수도 있을 것입니다."

한실장은 공동구매나 가격협상을 통한 효과 금액은 그리 크지 않을 것으로 예상하고 있지만, 양사 협업을 통해 창출한 가시적 성과는 그 자체가 상징적 효과가 있고 협업경험을 공유하는데 그 의미가 있다고 생각했다.

그리고 성과 금액은 작지만 가시적인 성공 경험은 PMI의 혁신에너지를 유지하는데도 도움이 될 것이다.

「기업문화」 영역 : ⑳ 도전, 협업, 애자일$_{agile}$ 문화 강화

"전번 인터뷰와 PMI팀 워크숍 결과, 현재 B사의 조직문화는 구성원들 개인간에는 관계가 좋고 분위기가 편안한 가족적 기업문화를 가진 것으로 파악되었습니다. 그리고 대부분의 구성원들은 이번 M&A에 의해 이런 가족적 분위기가 영향을 받지 않기를 원했습니다.

반면에 이번 기회에 새롭고 어려운 것들에 대해 과감하게 추진할 수 있는 도전문화, 조직 간 적극적인 협업문화, 그리고 신성장 관련 전략과제들의 신속한 추진을 위한 애자일$_{agile}$ 문화가 필요한 것으로 조사되었습니다.

정리하면 '기존의 가족적 문화는 유지하면서 도전, 조직 간 협업, 애자일 문화를 강화'하는 것이 인터뷰나 토론을 통해 현재까지 파악된 B사의 지향 문화가 되겠습니다.

그럼, 먼저 조직문화 재설계를 위한 현상파악 방법에 대해 설명하겠습니다. 사실 리더와 구성원들의 공감대를 얻기 위해서는 현재 개략적으로 정의된 B사의 조직문화를 좀더 객관화·구체화할 필요가 있습니다.

전번 워크숍 때 몇 가지 기업문화 진단모델들에 대해 설명을 했습니다만, 이를 활용해서 전구성원들을 대상으로 설문 진단을 먼저 하는 것이 좋겠습니다.

설문은 크게 현재와 지향 조직문화를 파악하기 위한 항목들로 구성하면 되고, 단위조직별, 계층별, 근무연수별 등 다양한 분석이 가능하도록 설문내용을 설계해야 합니다.

그리고 설문결과를 분석할 때, 현재의 조직문화가 형성된 원인과 지향 조직문화에 대한 이유를 파악해야 하는데, 이때 FGI~focus group interview~ 방식 등을 활용할 수 있습니다.

지향 조직문화를 구축하기 위해서는 구성원들이 가지고 있는 현재의 맥락적 기억을 바꾸어야 합니다. 이를 위해서는 구성원들의 의식과 무의식에 직접 영향을 미칠 수 있는 조직, 제도, 규정, 시스템, 관행, 리더십에 어떤 변화와 혁신이 필요한지, 그리고 이러한 변화와 혁신을 위해 어떤 실행과제들이 필요한지를 도출해야 합니다."

한실장은 조직문화를 변화, 혁신시키기 위한 추진 과제를 도출하고 실행할 때 가장 중요하게 생각하는 요소가 '맥락성'과 '일관성'이다.

'맥락성'은 지향 문화를 구축하기 위해서 도출된 추진 과제들이 서로 상승효과를 가질 수 있도록 맥락적 통합성을 가져야 한다는 의미이다.

'일관성'은 실행단계에서 리더들이 지향 문화와 추진 과제의 목적과 부합되는 말과 행동을 해야 한다는 것인데, 이것은 리더의 언어적·비언어적 메시지가 구성원들의 생각과 행동에 그만큼 큰 파급력을 가지기 때문이다.

예를 들어, 애자일 문화를 강화하기 위해 '애자일 추진 프로세스와 방법'을 도입했다고 가정해 보자. 그런데 실제 추진 과정에 있어서 리더 독단적으로 고민하여 판단하고 멤버들의 업무수행방식에 일일이 간섭한다면 애자일 문화는 정착될 수가 없다. 겉은 '애자일'로 포장했지만, 실제 속은 기존의 방식과 다를 바가 없다는 것을 구성원들은 금방 눈치를 챈다. 이렇게 되면, PMI 활동 전반에 대해 실망과 냉소의 부정적 감정만 확산될 뿐, 기대하는 변화와 혁신은 일어나지 않게 될 것이다.

도전과 협업 문화도 마찬가지이다. 더 높은 목표설정과 조직 간 협업을 격려하면서 조직별, 개인별 KPI 평가결과를 기준으로 연봉과 성과급을 결정한다면, 누가 도전적인 KPI 과제와 목표를 설정하고, 손해를 감수하면서 다른 조직과 기꺼이 협업하겠는가?

한 실장은 거의 5시간 동안 20개의 추진 과제별로 현상파악과 해결방안 도출 포인트, 그리고 각 과제별 주요 작성양식들에 대한 설명을 마치고, 다음 단계와 일정에 대해서 간략하게 이야기하고 마무리했다.

"실행과제별 담당자들께서는 앞으로 8주간 현상파악과 해결방안을 도출하길 바라며, 현상파악이 필요없는 과제는 바로 해결방안을 작성하면 되겠습니다.

그리고 매주 각 과제별로 작성하신 내용에 대해 모두 모여서 공유하고, 진행 내용의 적절성에 대해 검토하는 시간을 갖도록 하겠습니다. 이렇게 해결방안 설계까지 완료된 과제들은 과제 실행을 위한 주요 활동내용, 기한, 담당조직, 추정성과 등을 포함한 구체적인 실행계획을 수립하게 되면 PMI비전팀의 역할은 끝나게 됩니다.

CEO와 운영위원회 보고는 현상 파악과 해결방안 도출, 그리고 주요 과제 완료단계에서 PMI멤버들이 모두 참여하여 공식적으로 보고회를 진행할 예정인데, 중간중간에 저와 양사 PMI 팀장들이 비공식적으로도 보고를 할 계획입니다."

매주마다 PMI비전팀 자체적으로 추진 과정을 공유하고 검토하는 것은 추진 과정이 느슨하지 않도록 분위기와 일정을 관리하고, 추진 방향이 제대로 가고 있는지를 중간에 점검하고 조율을 하기 위해서이다.

추진 과제들 간에 상호 연관도 많기 때문에 PMI멤버들이 모여 매주 진행 과정을 공유하면 과제 추진에 있어서도 서로에게도 큰 도움이 된다. 또한 개인에게도 한 기업의 핵심 시스템 모두를 이렇게 짧은 시간 내에 고민해 보는 것은 소중한 경험이 될 것이다.

그리고 진행 중간중간에 비공식적으로 B사의 CEO와 운영위원회에 보고를 해야하는 이유가 있다. 공식적인 자리에서 PMI추진팀에서 조사하고 설계한 내용이 뒤집히면 시간적인 손실도 크지만 지시내용이 이상한 방향으로 궤도가 수정될 수도 있기 때문이다.

문제는 사전에 예방하는 것이 좋다.

Chapter 04 철저한 실행과 지속적인 혁신과제 발굴

I. 강한 실행조직을 구성하고, 상세 실행계획을 수립하라.

지난 3개월 동안 PMI추진팀 주간 미팅과 외부 워크숍, B사의 CEO 주간 보고, 운영위원회 정기보고, B사 구성원 세분화 대상별 커뮤니케이션 실시 등으로 정신없는 시간들이 흘렀다.

드디어 오늘 20개의 PMI추진 과제에 대한 현상 파악과 해결 방안, 그리고 과제별 개략적 추진 계획에 대한 설계를 마치고, B사의 CEO와 양사 임원으로 구성된 운영위원회로부터 승인을 받았다. 한실장은 이제야 비로서 긴 터널을 지나 희미한 빛이 보이는 출구로 나오는 기분이었다.

오늘 저녁은 PMI비전팀과 운영위원회 멤버들과 축하 파티를 하기로 되어있다. B사의 CEO도 참석하여 그동안의 노고에 대해 감사를 전하고 싶다고 한다.

저녁 6시 30분, 제법 많은 인원이 식당 2층의 넓은 방을 거의 채웠다. 사회자의 건배 인사와 함께 본격적으로 파티가 시작되었다. 고기 굽는 소리와 건배하는 소리, 그리고 쾌활한 이야기와 웃음 소리로 시작부터 분위기가 활기차다.

서로간에 술잔을 주고 받으면서, 내일 아침이면 기억도 하지 못할 수많은 이야기들을 이어간다.

PMI비전팀 멤버들은 이번 프로젝트를 통해 기존 업무를 벗어나 좀더 폭넓은 관점에서 많은 것을 배울 수 있었다는 것이 공통적인 소감들이었다. 그리고 이번 PMI 활동을 통해 '우리 회사'도 뭔가 새로운 성장을 위한 변화를 할 수 있을 것이라는 기대도 가지게 되었다고 한다.

한실장은 '지금까지는 일단 성공적으로 온 것 같다'라는 생각이 들었다. 다행스러운 일이다. 이제부터는 '실행'이라는 현실과 싸울 차례이다. 건축가가 설계도면을 성공적으로 그렸지만, 이를 구현하는 것은 또 다른 문제이다. 시공과정에서는 더 다양하고 힘든 예기치 못한 상황들을 경험하게 된다.

모든 사람들이 변화와 혁신의 당위성에 대해 겉으로는 찬성을 하지만 막상 본인에게 불편함과 불이익을 주는 현실이 다가오면 저항과 반대를 한다. 이때부터 당위성은 희미하게 사라지고, 사람들은 변화와 혁신방식의 문제점과 부당성을 적극적으로 찾아내기 시작하는 것이다.

실제 한 연구결과를 보면 한 집단에서 변화와 혁신을 적극적으로 지지하는 비율은 3%에 불과하며, 표면적 저항은 하지 않으나 현상을 유지하려는 잠재적 혁신반대자가 85%가 된다고 한다. 이 85%는 혁신의 에너지가 약해지면 적극적인 혁신저항자로 변하는데, 혁신저항자의 힘이 더 강해지는 순간에 혁신은 실패로 돌아갈 가능성이 높다.

그래서 중요한 것은 적극적인 저항의 힘보다 더 높은 혁신의 에너지를 어떻게 유지하고 강화할 것인가 하는 것이다. 이를 위해서는 B사 리더들, 특히 B사 CEO의 지속적인 리더십이 무엇보다도 중요한데, CEO의 적극적인 주도와 일관성을 이끌어 내기 위해서는 '혁신의 과정과 결과'에 대한 확신을 그에게 심어주어야 한다.

PMI 혁신에 대한 확신을 심어주기 위해서는 설계된 20개 과제들에 대한 확신과 성공적인 실행이 중요하며, 특히 '성장전략' 과제는 반드시 성공시켜야 한다. 그것은 이 과제가 M&A의 본질이고, 이 과제의 성공 여부가 지속적인 PMI혁신활동 여부에 가장 직접적인 영향을 미치기 때문이다.

본격적인 실행을 위해서 사전에 해야 할 일들이 있다. 먼저 PMI 20개의 과제들을 디딤돌로 하여 B사의 혁신을 실행할 조직을 구성하는 것과 전 구성원을 대상으로 '비전과 혁신 선포식'을 개최하는 일이다.

실행조직은 일단 1년 동안 전사적인 TF$_{task\ force}$형태로 운영할 계획인데, 다음 그림과 같이 B사의 모든 팀장으로 구성된 '과제 실행팀'과 비전을 달성하기 위해서 PMI 실행과제를 중심으로 혁신활동을 총괄할 'PMO$_{project\ management\ office}$', 그리고 최종 의사결정 협의체인 '운영위원회'로 구성할 생각이다. 그리고 조직의 명칭을 'PMI 혁신 TFT$_{task\ force\ team}$'로 정했다.

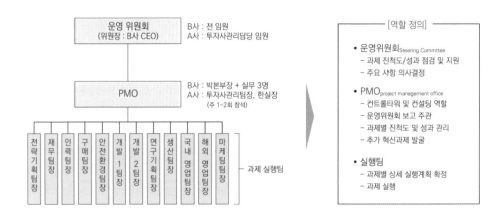

추진 조직에 인수 기업인 A사의 임원과 팀장을 포함시킨 것은 건강한 긴장과 균형을 유지하기 위해서이다. 혁신을 하는 과정에서 사람들은 항상 현재와 미래 성과 간의 선택에 심리적 갈등과 충돌이 일어난다. 그리고 많은 경우 현재의 성과를 선택한다. 이것은 더 직접적이고 강한 현재의 자극에 우선적으로 반응하게 되는, 어쩔 수 없는 인간의 본능이다.

이러한 본능에 제동을 거는 역할을 하는 것이 A사 멤버들의 존재이다. 이들의 참석 자체만으로도 B사에 의미있는 부담을 준다. 그리고 A사 멤버들도 참여과정에 있어서 B사의 사업과 구성원들에 대해 더 깊은 이해를 할 수 있기 때문에 서로 도움이 될 것이다.

20개 PMI 과제들은 주관 조직과 참여 조직으로 구분하여 다음과 같이 배분되었다. 주관 조직은 해당 과제들에 대한 전체 실행기획과 퍼실러테이터 역할을 하고, 참여 조직은 주관 조직의 요청대로 조사를 하거나 아이디어를 제안, 토의하는 활동을 하게 된다.

주관 조직	참여 조직	PMI 20개 과제들
전략기획팀	재무팀, 마케팅팀, 국내영업팀, 해외 영업팀, 개발1팀, 개발2팀	비전과 성장전략 수립 (①~③ 포함) ① 중국 현지공장 설립 ② 유럽지역 사업확장 전략 수립 ③ 신규 유망사업 발굴
	인력팀, 연구기획팀, 마케팅팀, 생산팀	⑪ DT_{Digital Transformation}추진조직 신설 ⑫ 문서화된 경영시스템 도입
	연구기획팀, 마케팅팀	⑭ 신규 제품·용도 아이디어 발굴 및 선정
마케팅팀	국내영업팀, 해외영업팀, 전략기획팀	④ 주요 고객들과의 파트너십 강화 ⑩ oo사업 유럽 전담사원 충원 ⑮ 글로벌 사업확대를 위한 상호/상표 변경
	생산팀, 국내영업팀, 해외영업팀	⑯ 완제품 재고 최적화
연구기획팀	개발1팀, 개발2팀, 생산팀	⑥ 개발기술 데이터 관리 및 활용 ⑦ 요소기술 관리
인력팀	연구기획팀, 개발1팀, 개발2팀	⑧ 연구원동기부여 ⑨ 사업부문 연구소 들간 기술 융합을 위한 조직 통합
	전팀	⑰ KPI 평가·포상 시스템 개선 ⑱ 직무중심의 교육훈련 프로그램 강화 ⑬ 셰어드서비스_{shared service}체계 운영 ⑳ 도전, 협업, 애자일 문화 강화(based on 가족적 문화)
구매팀	생산팀	⑲ 통합 구매
안전환경팀	생산팀, 연구기획팀	⑤ 중대 안전환경 리스크 최소화

각 팀별 참여인원은 팀장을 포함하여 2~3명 정도가 될 것이다. 그리고 이전의 PMI비전팀 멤버들 대부분이 실행과정에도 계속 참여하지만, 신규 멤버들도 많기 때문에 이틀간의 외부 워크숍을 통해 각 과제에 대한 충분한 사전 학습이 필요하다.

이번 워크숍은 기존의 PMI추진팀의 해체와 'PM혁신 TFT' 조직의 새로운 탄생을 축하하고 새로운 각오를 다지는 팀빌딩team building의 의미도 있다. 그리고 이번 워크숍에서는 실무차원의 학습과 토론이 진행되므로 운영위원회 멤버들은 참석하지 않기로 했다. 운영위원회 임원들을 포함하여 전체가 참석하는 PMI 혁신 TFT 킥오프는 별도로 진행할 계획이다.

이번 워크숍의 목적은 멤버들이 PMI 20개의 혁신 과제에 대해 충분히 이해하고, 그리고 이를 바탕으로 각 과제별 상세 실행 일정계획을 수립하는 것이다.

20개 PMI 과제에 대한 개략적인 실행 일정은 전번 PMI비전팀에서 작성했지만, 실제 실행을 담당하는 PMI 혁신 TFT에서 좀더 자세하게 실행계획을 수립하는 과정이 필요하다.

다음의 양식처럼 과제별로 작성된 실행계획서들을 PMI 혁신팀에서 취합하면 의존관계에 있는 과제들 간 세부 실행내용들의 시작일과 완료일이 적절한지를 검토하고, 필요시 실행일정과 순서를 조정할 수도 있다.

과제명		과제 KPI 목표 및 평가공식	KPI	KPI목표(정량적)	KPI성과 평가공식

주요 실행활동		결과물	투자비 (백만원)	담당자	실행 일정		장애요인/리스크 및 제거방안	
마일스톤 milestone	세부 실행내용				시작일	완료일	장애요인/리스크	제거방안

- 마일스톤_{milestone} : 성공적 과제 추진을 위해 필요한 활동 단계를 말함
- 세부 실행내용 : 마일스톤을 구성하는 활동들activities
- 과제 KPI 목표 및 평가공식 : KPI*의 정량적, 도전적 목표와 달성여부를 측정할 수 있는 공식을 설정
  * 과제의 성공 여부를 평가할 수 있는 핵심성과지표(Key Performance Indicators)로 1개 이상 가능

'실행계획서'를 정확하고 상세하게 작성하는 일은 매우 중요하다. PMI 20 개 과제들 간의 일정을 통합조정하는 것을 포함하여 PMI 혁신활동이 끝날 때 까지 PMO에서 과제들이 제대로 실행되고 있는지를 모니터링하고, 잘 실행되지 않고 있다면 어떤 문제가 있으며 어떤 지원이 필요한지를 추적하기 위한 커뮤니케이션의 근거로 '실행계획서'가 중요하게 활용된다.

이러한 커뮤니케이션 과정에서 추가 과제를 발굴할 수도 있으므로, '실행계획서' 작성에 많은 노력을 기울일 만한 가치가 있다.

Ⅱ. 설계된 PMI비전과 추진 계획에 대해 전구성원들과 커뮤니케이션하라.

PMI 혁신 TFT의 이틀간 워크숍이 끝나면 PMI비전과 이를 달성하기 위한 구체적인 혁신 계획이 비로소 완성된다. 이를 성공적으로 실행하기 위해서는 B 사의 리더와 구성원들의 관심과 적극적인 참여가 필요하다.

또한 핵심조직과 인력들의 PMI 혁신 계획에 대한 공감대를 형성하는 것도 중요하다. 이전에 PMI추진 계획을 수립하는 단계에서 이들과 몇 차례 미팅을 가지기는 했지만, 설계된 PMI 내용과 향후 추진 계획에 대해 조금 구체적인 설명과 솔직한 질의응답 시간을 가질 필요가 있다.

커뮤니케이션 순서는 먼저 임원들을 대상으로 설명회를 실시하고 난 뒤, 전 구성원들을 대상으로 '비전 선포식'을 진행하기로 했다. 그리고 핵심조직(인력)들과의 커뮤니케이션은 '비전 선포식' 바로 다음 날에 일정이 계획되어 있다.

임원 설명회 : 전사 '비전 선포식'의 발표내용을 중심으로 CEO를 포함한 운영위원회 임원들 전체(A사 임원 멤버 포함)를 대상으로 진행된다.

설명내용에는 얼마 전에 있었던 'PMI 혁신 TFT'의 실무자 워크숍 결과를 포함하여 PMI추진 경과와 향후 PMI 혁신계획, 그리고 TFT 운영방안에 대해 약 1시간에 걸쳐 설명하고, 피드백을 받을 계획이다.

임원 설명회에서 가장 중요한 것은 PMI 혁신 20대 과제와 비전달성 간의 인과관계를 이해시키는 일이다. 각 기능별 담당 임원은 PMI 혁신과제가 담당 조직의 업무를 어떻게 개선시키고 본인의 리더십 성과를 강화할 것인가에 대한 확신이 있어야 적극적으로 참여하기 때문이다.

비전 선포식 : '비전 선포식'은 구성원들에게 과거와의 심리적 단절과 변화를 통한 새로운 미래를 선언하는 상징적인 행사이다. 회사 강당에서 행사를 진행하기로 하고, 최소 운영인력을 제외한 모든 임직원들과 노조간부들에게 참석해 줄 것을 요청했다.

이 선포식은 참석자들의 감정과 이성 둘다를 설득할 수 있는 기회가 되어야 한다. 감정은 미래에 대한 긍정적인 '느낌'을 만드는 것이고, 이성은 이 '느낌'을 실현 가능성 있는 합리적 '공감'으로 변환시켜 구성원들의 적극적인 참여를 이끌어 내는 역할을 하기 때문이다.

이런 의미를 가진 '비전 선포식'은 다음과 같은 내용과 순서로 진행하기로 했다.

- B사 성장의 역사와 성과(+동영상)
- 현재, 미래 사업 환경의 변화와 위기(+동영상)
- 생존과 성장을 위한 변화와 혁신의 필요성
- 비전, 그리고 PMI 혁신 방향과 추진과제

- 혁신 로드맵과 추진일정
- CEO격려사

핵심조직(인력) 설명회 : B사는 제품설계 기술을 가진 개발1, 2팀이 핵심조직이며, 핵심인력의 대부분은 설계기술을 가진 개발자들이다.

그리고 이 연구원들이 가장 관심있어 하는 것은 '기술'이다. 향후 B사에서 내가 가진 기술을 확장시킬 수 있고, 인정을 받을 수 있는 환경이 얼마나 조성될 수 있는가?가 가장 중요한 관심사이자 동기부여 요소인 것이다.

그래서 핵심조직을 대상으로 하는 설명회에서도 이에 대해 직·간접적으로 설명하고 질의응답을 할 수 있는 내용으로 준비되어야 한다. 물론 연구원들 개인 차원에서도 노력해야 할 책임 사항도 이번 기회에 제시할 것이다.

개발1, 2팀 전체 구성원이 핵심인력은 아니지만, 별도로 구분하여 커뮤니케이션을 하는 것은 부작용이 있을 수 있기 때문에 개발팀 전체를 대상으로 설명회를 하도록 되어 있다. 하지만 내용은 핵심인력들이 매력을 느낄 수 있는 것들 중심으로 구성되어야 한다.

핵심인력들이 기대하는 것은 이미 PMI 20대 과제 중에 '⑧ 연구원 동기부여' 과제를 설계하는 과정에서 충분히 파악되어 있다.

본격적인 실행에 앞서 공감대 형성을 위한 구성원 커뮤니케이션은 다음 주까지는 완료해야 한다. 물론 실행과정에서도 PMI 에너지를 지속적으로 유지하기 위해서 전략적이고 세분화된 커뮤니케이션은 계속 진행되어야 할 것이다. (커뮤니케이션 대상자들의 세분화는 이 책의 2장에서 설명한 내용을 참고)

Ⅲ. 추진 실적을 평가하고 성공사례를 공유하며, 혁신과제를 지속적으로 발굴하라.

혁신의 과정은 긴 시간이 필요한 매우 더딘 일이기 때문에 추진 에너지를 잃지 않는 것이 중요하다.

한실장은 과거의 경험으로부터 한 집단에 혁신동력을 지속적으로 유지, 강화하는 것이 얼마나 어렵다는 것을 잘 알고 있다. 현실적으로 그럴 수밖에 없다. 현업의 리더와 구성원들은 당면한 일상업무를 처리하고 단기적인 성과를 내는 것이 우선이다. 그리고 혁신과제들은 지금 하지 않아도 당장 문제가 되는 것이 아니며, 미래를 위한 것이지 현재의 성과를 위한 것도 아니기 때문에 항상 우선순위에 밀리게 된다.

PMI 혁신 에너지가 약화되지 않고, 리더와 구성원들의 중요한 업무로 자리매김을 하기 위해서는 혁신활동의 과정과 결과에 대한 관심과 흥미, 책임감을 가지게 할 수 있는 어떤 시스템이 필요하다. 한실장은 다음과 같은 세 개의 관리시스템을 생각했다.

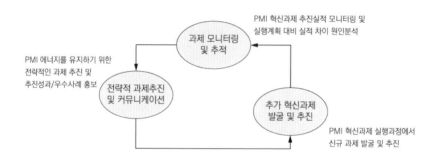

과제 모니터링 및 추적 : PMI 20대 혁신과제들의 대부분은 재무적 성과를 명확하게 평가할 수 없는 과제들이다. 그래서 질적인 측면에서 과연 추진 과정이 제대로 가고 있는지, 활동실적이 재무성과에 어느정도 기여를 했는지가 명확하지 않을 수 있다.

그래서 어떤 경우에는 과제목표를 달성했는데도 불구하고, 다른 변수들의 영향과 섞여 단기적으로 재무성과가 부정적으로 산출되기도 한다.

이러한 문제를 사전에 예방하기 위해서 '실행계획서'의 세부활동 내용들이 제대로 작성되었는지를 사전에 철저히 검토해야 한다.

과제 모니터링monitoring과 추적tracking은 크게 세 가지 관점에서 할 수 있다.

실행계획서의 내용들을 제대로 실행(Action)하고 있는지, 그리고 실행된 결과가 KPI$_{\text{key performance indicator}}$와 재무(Financial)성과로 나타나는가에 대한 것들이다.

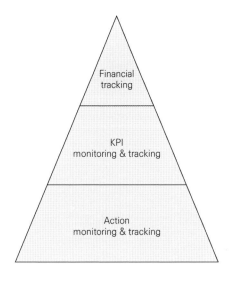

- Action과 KPI의 실적에 따라 재무성과에도 변화가 있는가?
- 만약, 재무성과에 변화가 없거나 미흡하거나 혹은 부정적이라면 그 이유는 무엇이며, 어떤 조치가 필요한가? (필요시 과제 추가)

- 실행계획서의 내용들이 추진되면 KPI도 예상대로 개선되는가?
- 만약, KPI에 변화가 없다면, 원인은 무엇이며 어떤 조치와 지원이 필요한가? (필요시 과제 추가)

- 실행계획서의 내용이 계획대로 진행이 되고 있는가?
- 만약 계획대로 진행이 안되고 있다면, 원인은 무엇이며 어떤 조치와 지원이 필요한가?
- 환경변화 등으로 실행계획서의 내용에 수정이 필요한가?

이러한 과제 모니터링과 추적은 정기적(대략 2주마다)으로 실시하며, 이를 통해 PMI 혁신과제들이 계획대로 가고 있는지, 제대로 가고 있지 않다면 그 원인이 무엇인지를 추적$_{\text{tracking}}$하고 적절한 조치를 취해야 한다. 필요하다면 '실행 계획서'의 내용을 수정하거나 과제를 추가할 수도 있을 것이다.

전략적 과제추진 및 커뮤니케이션 : PMI 혁신활동은 1~2개월의 단기간에 완료되는 것이 아니기 때문에 긴 호흡을 가지고 진행해야 한다.

이를 위해서는 PMI 혁신 TFT멤버들과 실제 이를 수행하는 현업의 리더들, 구성원들의 관심과 믿음의 에너지를 지속적으로 유지하는 것이 필요하다.

따라서 다음 그림과 같이 가시적 성과가 크면서 실행이 용이한 전략적 과제들을 선정하여 적절한 간격으로 완료하고 홍보함으로써, 구성원들에게 PMI 혁신활동의 움직임이 정해진 목표를 향하여 흔들림없이 가고 있다는 것을 연속적인 느낌으로 인식시켜야 한다.

PMI 6영역	PMI 혁신 20대 과제
비전과 사업전략	비전과 성장전략 수립 ① 중국 현지공장 설립 ② 유럽지역 사업확장 전략 수립 ③ 신규 유망사업 발굴
리스크	④ 주요 고객들과의 파트너십 강화 ⑤ 중대 안전환경 리스크 최소화 (특히 ○○사업장 화재/폭발)
핵심역량과 인력	⑥ 개발기술 데이터 관리 및 활용 ⑦ 요소기술 관리 ⑧ 연구원동기부여
조직구조 및 인력운영	⑨ 사업부문 연구소들 간 기술 융합을 위한 조직 통합 ⑩ ○○사업 유럽 전담사원 충원 ⑪ DT_{Digital Transformation}추진조직 신설
운영시스템	⑫ 문서화된 경영시스템 도입 ⑬ 셰어드서비스_{shared service}체계 운영 ⑭ 신규 제품·용도 아이디어 발굴 및 선정 ⑮ 글로벌 사업확대를 위한 상호·상표 변경 ⑯ 완제품 재고 최적화 ⑰ KPI 평가·포상시스템 개선 ⑱ 직무중심의 교육훈련 프로그램 강화 ⑲ 통합 구매
기업문화	⑳ 도전, 협업, 애자일 문화 강화(based on 가족적 문화)

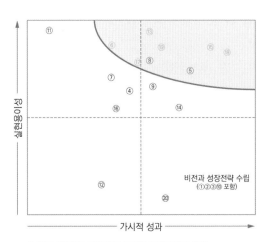

○ 과제 : 중요하고 시급하면서, 가시적 성과가 용이한 과제
○ 과제 : 가시적 성과가 용이한 과제

이러한 설득과 홍보를 위한 전략적 과제들은 그림의 음영 영역에 있는 것들인데, 이들 중에서도 많은 구성원들과 핵심인력들이 체감할 수 있는 과제들이 더욱 중요하다.

예를 들면, '개발기술 데이터 관리 및 활용', '연구원 동기부여', 'KPI 평가·포상 시스템 개선', '직무중심의 교육훈련 프로그램 강화' 같은 과제들이다. 이런 과제들은 개인들에게 직접적인 영향을 미치는 것이므로, 성공적으로 운영될 경우 PMI 활동을 통해 뭔가 긍정적으로 바뀌고 있다는 것을 느끼게 하고, 기대감을 가지게 할 수 있다.

특히 'KPI 평가·포상시스템 개선'과 '직무중심의 교육프로그램 강화' 과제는 핵심인력들뿐만 아니라 대다수의 구성원들도 관심을 가지는 사항들이다. 이런 과제들을 제대로 운영하고, 피드백을 받아서 빠른 시간 내에 수정, 보완하여 제대로 작동될 수 있도록 해야 한다.

추가 혁신과제 발굴 및 추진 : 혁신의 에너지를 지속적으로 유지하는 것은 쉽지 않기 때문에 핵심과제 20개에 집중하여 최대한 빨리 마무리를 지어 일단락 짓는 것이 바람직하다.

하지만 성공적인 과제 추진을 위해서 관련 보완 과제가 나올 수 있고 새로운 과제가 도출될 수도 있다. 어쨌든 PMI 혁신 TFT 활동 이후에도 지속적인 도전과 혁신문화를 정착시키기 위해서 추진 과제를 지속직으로 발굴하는 것이 필요하다.

예를 들면, '완제품 재고 최적화' 과제의 성공적 추진을 위해 '시장·고객의 수요 예측 알고리즘 개발'이라는 하위 과제가 필요할 수도 있고, '통합 구매'를 추진하는 과정에서 전체 구매비용이나 제조비용 혁신을 위한 '제조원가구조 혁신' 활동으로 과제를 확대할 수도 있을 것이다.

이제 본격적인 실행을 위한 모든 준비는 끝났다. 변화와 혁신을 위한 PMI 실행과제를 도출하여 설계하였고, 실행을 위한 조직구성과 운영체계도 완료되었다.

한실장은 아쉽지만 이제 본인의 역할은 '여기까지'라고 생각했다. 이제 다시 A사의 원래 업무로 복귀해야 한다. 지금부터 PMI 과제들을 실행하고 지속적으로 변화와 혁신의 수레바퀴를 돌리는 것은 PMI 혁신 TFT(좀더 범위를 좁히면 PMO)에서 해야 할 일이다.

당분간은 일주일에 하루 정도는 지원을 하겠지만 한계가 있기 때문에 현실적으로 이제부터는 PMI 혁신팀의 PMO에서 PMI 아키텍트 역할을 담당할 수밖에 없다.

변화와 혁신은 세차게 흐르는 루틴_{routine}의 거대한 강물을 막아서면서, 둑을 쌓고 물줄기의 방향을 바꾸는 힘겨운 일이다. 그리고 시시각각 다양한 형태의 저항 들과도 싸워야 한다.

대다수의 리더와 구성원들은 말뚝 위에 앉아 있는 관객들이다. 그들은 상황을 보고 자기에게 유리한 쪽으로 뛰어 내린다. 그리고 처음부터 변화와 혁신에 반대하는 사람들은 반대의 명분을 계속 찾으려 할 것이다.

혁신의 흐름이 한순간이라도 약해지면 가까스로 버티고 있는 둑은 무너지고, 강물은 아무일 없었다는 듯이 이전의 강줄기대로 다시 흘러 갈 것이다.

이처럼 실행단계에서는 혁신의 흐름과 에너지를 지속적으로 유지하는 것은 무엇보다도 중요한 일이다. 이를 위해서는 PMI 혁신에 대한 B사 최고경영층의 리더십이 가장 중요하다. 최고경영층이 PMI 혁신에 대한 믿음과 확신, 자신감, 오너십을 가질 수 있도록 PMO에서 최선의 방법을 찾는 것이 첫번째로 중요한 도전과제가 될 것이다.

M&A 성공의
마지막 열쇠는 PMI

"

결국 M&A의 성공과 실패는 PMI에 달려있다.

"

KPMG의 연구결과에 따르면, 연구대상 M&A 사례 중 기업가치를 상승시킨 경우는 17% 정도에 불과하며, 30%는 뚜렷한 변화를 찾아볼 수 없는 것으로 나타났습니다. 그리고 53%는 오히려 M&A 이전보다 가치가 떨어졌으며, 실패 사례 중 70%가 통합과정에 문제가 있었다고 합니다.

이처럼 막대한 비용을 지불한 M&A가 실패로 끝나는 근본원인은 존재하지 않거나 달성하기 어려운 시너지의 허상을 좇아 과도한 가격을 지불하거나, M&A 계약 때 기대했던 가설을 맹목적으로 계속 고집하고 PMI를 제대로 추진하지 못한데 있습니다.

PMI는 잘못된 M&A 가설을 바로 잡을 수 있는 마지막 보루

사실 M&A추진 당시에는 피인수 기업에 대한 정보와 이해가 부족하기 때문에 판단을 하는데 에러가 있는 것은 어쩌면 당연한 현상입니다. 데이터와 정보가 쌓일수록 예측, 판단의 정확도도 같이 높아지게 되는 것입니다.

그래서 피인수 기업에 대한 공식적·비공식적 정보가 본격적으로 축적되기 시작하는 PMI 단계에서 기존의 M&A 가설을 원점에서 검증하고, 필요한 경우 가설을 재설정하는 것이 합리적입니다.

물론 가치체인통합, 제품라인과 지역 확대, 공급리더십 확보 등과 같이 시너지효과가 상당부분 명확한 경우에는 상내적으로 예상하시 못하는 큰 문세의 발생확률이 줄어 들겠지만 기술, 브랜드 등과 같이 개념적인 시너지 효과에 대해서는 좀더 세밀한 조사와 검증이 필요합니다.

이런 측면에서 PMI는 M&A 계약체결시 기대했던 잘못된 가설을 바로 잡을 수 있는 마지막 보루입니다.

PMI는 M&A 가설을 실현시키고, 지속적 성장기반 구축의 최적 기회

PMI 활동은 최종적으로 검증된 M&A 가설을 실현시키는 것이 목적입니다만, 좀더 욕심을 내어 지속적인 생존과 성장을 위해서 기존의 전략과 운영방식에 근본적인 변화와 혁신을 추구할 수도 있습니다.

대부분의 기업들은 주어진 경영환경 속에서 최고경영층의 성향에 영향을 받으면서 패턴화된 사업전략, 그리고 부분최적화된 운영시스템, 자연발생적인 조직문화들이 형성되었기 때문에, 새로운 성장에는 한계가 있습니다. 그래서 뭔가 기존의 방식에 대한 획기적인 변화가 필요한 것입니다.

그런데 사실 PMI 단계에서 M&A 가설을 구현하는 것도 만만치 않은데, 다른 한편으로 기존의 전략과 운영시스템, 조직문화 혁신까지 고민해야 한다라고 무리하게 주장하는 데에는 이유가 있습니다.

그것은 피인수 기업 입장에서 M&A는 리더와 구성원들의 긴장도와 변화에 대한 수용도가 가장 높아지는 순간이기 때문입니다.

이런 순간이 혁신을 추진할 수 있는 최적의 분위기이며, 흔치 않은 기회입니다. 뭔가를 바꾸려면 이때 바꾸어야 성공확률이 높습니다.

그렇다고 모든 것을 원점에서 다시 설계할 수는 없습니다. 현실적으로 주어진 PMI 시간 내에서 지속적인 성장을 하는데 필요한 핵심적인 영역, 요소에 집중할 수밖에 없습니다.

그래서 PMI 초기단계에 현상 분석을 통해서 PMI 범위와 속도, 그리고 인수 기업의 역할을 명확하게 정의하는 것이 필요한 것입니다.

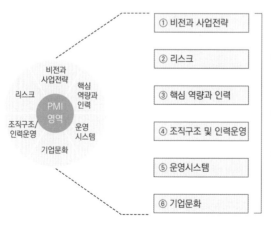

결국, M&A의 성공과 실패는 PMI에 달려있다.

PMI 활동은 막대한 비용을 지불한 M&A의 성공 여부를 결정짓는 마지막 단계입니다. 설사 M&A 분야와 대상 자체가 잘못 선정되었다고 하더라도, 체계적인 PMI 활동을 통해 리스크를 최소화하면서 새로운 기회를 창출할 수 있습니다. 그리고 또한 기대한 M&A 성과를 가속화하고 확대시킬 수도 있습니다.

하지만 반대로, 인수 기업의 근거없는 우월주의로 피인수 기업의 산업구조와 사업특성, 기업문화 특성 등을 무시하고 인수 기업의 시스템과 문화를 일방적으로 이식하고 강요함으로써 괜찮은 M&A도 망쳐 버릴 수 있습니다.

특히 해외기업에 대한 M&A는 문화적 차이와 언어적 장벽까지 더해져서 리스크가 더 복잡해지고, 커지기 때문에 PMI 또한 더 중요합니다.

결론적으로, PMI를 통해 잘못된 M&A 가설을 바로 잡을 수 있고, 적합한 M&A 가설과 목표를 신속하게 구현할 수도 있기 때문에 M&A의 승패를 결정짓는 것은 PMI 활동입니다.

제대로 된 PMI를 위해서는 M&A 유형과 사업특성, 기업문화에 적합하도록 체계적이고 전략적인 PMI추진 프로세스와 방법론을 설계, 운영하는 것은 중요합니다.

PMI추진 프로세스와 방법론은 PMI 활동의 기본 프레임워크framework이며, 더 중요한 것은 이 프레임워크를 상황에 맞게 재구성하고 작동시키는 통찰력과 커뮤니케이션 역량입니다.

이러한 통찰력과 커뮤니케이션 역량을 가진 사람을 'PMI 아키텍트architect'라고 부르는데, PMI 성공 여부가 상당부분 PMI 아키텍트의 역량에 달려있습니다.

사전적인 의미에서 아키텍트architect는 주어진 비용과 시간, 주위환경, 법규, 고객 요구 등과 같은 제약조건 속에서 가장 최적의 구조와 구성요소들을 설계하고 이해관계자들과 커뮤니케이션을 하는 건축가를 말합니다.

'PMI 아키텍트'도 마찬가지죠. M&A를 성공시키기 위해 주어진 시간과 조건에서 최적의 PMI의 방향과 범위, 추진과제 도출·설계, 그리고 실행을 위해 이해관계자들과 커뮤니케이션을 할 수 있는 통합적인 역량과 통찰력을 갖춘 사람을 말합니다.

이러한 역량과 통찰력을 확보하는데 있어 회사가 할 수 있는 역할에는 명확한 한계가 있을 수밖에 없으며, 상당부분 개인의 노력에 달려 있습니다. PMI 아키텍트가 되기 위해서는 PMI 프로세스와 방법론의 기본 프레임워크framework에 대한 이해를 바탕으로 자신 스스로 내면화된 끊임없는 질문과 함께 다양한 분야에 대한 이론과 경험을 축적하는 것이 유일한 방법입니다.

이 책에서 소개한 PMI 프로세스와 방법은 일반적인 사례를 바탕으로 기술하였기 때문에 각 기업이 처한 상황에 맞도록 크고 작은 조정customization이 필요할지도 모릅니다.

하지만 이러한 '조정'은 이 책에 기술된 'PMI 프로세스와 방법론'에 대한 충분한 이해를 바탕으로 이루어져야 할 것입니다.

PMI 전문가가 되기를 꿈꾸는 사람들에게 이 책이 기본적인 지식과 경험의 기본 프레임으로 활용되었으면 하는 바램입니다.

찾아보기

저자소개

∷ 황춘석

대기업에서 28년을 근무하면서 국내뿐만 아니라 미국, 중국에서 기존 사업과 신사업의 다양한 업무와 혁신프로젝트, 그리고 관계사를 포함한 사내컨설팅을 수행하였다.

세계 최고의 경영전문가가 되기 위해 직장 생활 때부터 체계적인 이론 학습과 실무 경험을 통해서 지식과 경험의 범위, 깊이를 지속적으로 확장하였다. 그리고 축적된 다양한 플랫폼 지식과 경험들 간 연결과 융합으로 경영에 대한 균형적이고 통합된 통찰력을 갖고자 하였다. 전문분야는 PMI(post-merger integration), 사업전략, 마케팅 및 판매, 연구개발, 생산 등 기능별 비즈니스 프로세스 및 방법론뿐만 아니라 기업문화, 핵심 가치와 역량, BPR(business process reengineering), 기술, 품질, 원가, 소집단 활동 등 분야별 혁신프로그램을 설계하는 일이다.

그리고 이러한 다양한 영역에 대한 이해를 바탕으로 기업의 특성과 상황에 따라 최적화된 '통합경영시스템'을 구축하는데 힘을 쏟고 있다. 2016년에 퇴직하여, 현재 컨설팅과 강의, 그리고 경영관련 집필활동을 하고 있다. 저서로는 『신사업, 신제품 오디세이』가 있다.

e-mail : ini-lab@naver.com
mobile : 010-5290-5122

PMI인수후 통합 이야기

초판 발행   2021년 9월 25일

지은이   황춘석
펴낸이   안종만 · 안상준

편 집   우석진
기획/마케팅   장규식
표지디자인   벤스토리
제 작   고철민 · 조영환

펴낸곳   (주) **박영사**
            서울특별시 종로구 새문안로3길 36, 1601
            등록 1959. 3. 11. 제300-1959-1호(倫)
전 화   02)733-6771
f a x   02)736-4818
e-mail   pys@pybook.co.kr
homepage   www.pybook.co.kr
ISBN   979-11-303-1363-4   93320

정 가   12,000원